Heinrich von Sybel

Klerikale Politik im neunzehnten Jahrhundert

Heinrich von Sybel

Klerikale Politik im neunzehnten Jahrhundert

ISBN/EAN: 9783743607262

Hergestellt in Europa, USA, Kanada, Australien, Japan

Cover: Foto ©Suzi / pixelio.de

Weitere Bücher finden Sie auf **www.hansebooks.com**

Klerikale Politik

im

neunzehnten Jahrhundert.

Von

Heinrich von Sybel.

Bonn,
Verlag von Max Cohen & Sohn.
1874.

In den letzten Jahren haben wir über die moderne Kirchenpolitik eine Fülle von lehrreichen und überraschenden Aufschlüssen erhalten, für Deutschland durch die archivalischen Forschungen von Mejer, Schulte, Friedberg, Nippold, Sicherer, für die außerdeutschen Lande durch die historischen Werke von Baumgarten, Reuchlin, Ruth, Rogge, Theiner, d'Haussonville, sowie durch eine Reihe schätzbarer monographischer Arbeiten. Doch scheint das Meiste bisher nur dem Kreise der Fachgelehrten bekannt geworden zu sein; ich bin also gerne dem Wunsche vieler Zuhörer gefolgt, eine übersichtliche Zusammenstellung jener Ergebnisse in den nachstehenden Vorträgen dem Drucke zu übergeben.

Bonn, 8. April 1874.

Sybel.

385

I.

Bei dem Streite zwischen Staat und Kirche, der heute halb Europa erfüllt und unser Deutschland von einem Ende zum andern durchwogt, ist nichts auffallender, als der Contrast zwischen den Erklärungen, welche die streitenden Parteien über ihre eigenen Ziele und die der Gegner geben. Der Staat, und mit ihm die liberalen Parteien versichern, daß sie entfernt an keinen Eingriff in die persönliche Glaubensfreiheit, in die Fragen des religiösen Gewissens, in die Formen der Gottesverehrung und der Seelsorge denken. Was sie behaupten, ist die bindende Kraft der nationalen Gesetzgebung über die äußern Rechtsverhältnisse aller Individuen und Corporationen, mithin auch der im Lande bestehenden Kirchengemeinden und Religionsgesellschaften. Sie sind bereit, denselben alle wünschenswerthen Freiheiten, so gut wie den Stadt- und Landgemeinden, den Universitäten und den gewerblichen Corporationen, zuzuerkennen, nur daß das Maaß dieser Freiheitsrechte hier wie dort durch die nationale Ge-

ſetzgebung feſtgeſtellt werde. Gerade hierin finden ſie
ſowohl die unerläßliche Schutzwehr für die perſönliche
Religionsfreiheit gegen hierarchiſche Willkür und Un=
terdrückung, als das wichtigſte Bollwerk nationaler
Selbſtſtändigkeit gegen die Erneuerung der mittelalter=
lichen Weltherrſchaft der Päpſte.

Mit lebhaftem Eifer weist dagegen die klerikale
Partei dieſe ganze Darſtellung zurück. Wenn man
ſie hört, ſo enthält der Anſpruch des Staates, Geſetze
über kirchliche Rechtsverhältniſſe zu erlaſſen, eine rechts=
widrige und tödtliche Gefahr für die katholiſche Reli=
gion. Ihr Kampf gegen die neuen preußiſchen Geſetze
ſei alſo ein Kampf für die Freiheit des perſönlichen
Gewiſſens, für die zur Frömmigkeit eines Jeden un=
entbehrliche Selbſtſtändigkeit der Kirche. Sie wollen,
ſagen ſie, Freiheit für ſich, Freiheit für die Kirche,
Freiheit für Alle. Was ſie beſtreiten, ſei die moderne,
heidniſche Allgewalt des Staates. Demnach fordern
ſie Einſchränkung der Staatsbefugniſſe auf allen Sei=
ten, Verminderung der Steuern und des Heeres, Ab=
ſchaffung der Geſundheitspolizei und der Schulpflege,
Wegfall jeder Staatsaufſicht über die Kirche. Sie
wollen keine Beſchränkung der indibiduellen Freiheits=

rechte durch den Staat zugeben, und begehren allgemeines Wahlrecht, vollständige Entfesselung der Presse
und der Vereine, Lehrfreiheit für Jeden und Vernich=
tung des staatlichen Schulzwangs. So berühren sie
sich in der Bestreitung der Staatsmacht mit den
weitest gehenden radicalen Parteien. Wird ihnen nun
eingewandt, daß sie nur deshalb die Einzelnen dem
Staate entziehen wollen, um sie der Kirchengewalt zu
überliefern, werden sie daran erinnert, daß die Päpste
im Mittelalter alle geistige Freiheit mit Feuer und
Schwert unterdrückt und von Königen und Völkern
die unbedingteste Unterwerfung gefordert haben, so
versichern sie, es sei höchst gehässig, Anschauungen, die
vor einem halben Jahrtausend vorgekommen und in
den damaligen Verhältnissen guten Grund gehabt, jetzt
unter völlig veränderten Zuständen gegen sie in das
Feld zu führen. Kein Mensch in der Kirche verkenne,
daß die Erneuerung des Mittelalters heute unmöglich
sei; es sei eine grobe Lüge, wenn jemand behaupte,
daß die heutige Kirche danach strebe, eine Lüge, wenn
jemand ihnen einen andern Zweck als die Freiheit
des religiösen Gewissens und die Pflege der religiösen
Frömmigkeit unterschiebe. Allerdings hat auch der

heutige, von ihnen als unfehlbar anerkannte Papst bei mannichfaltigen Anlässen sich alle Rechte seiner alten Vorgänger beigelegt: wenn dies aber unsern Klerikalen vorgehalten wird, so ist die einfache Antwort, das Alles sei nichts als der in Rom einmal übliche Kanzlei- styl, der schlechterdings nicht mehr praktische Bedeutung habe, als im bürgerlichen Briefwechsel die Anrede Ew. Wohlgeboren.

Hiemit kommt nun der Streit auf das Gebiet der geschichtlichen Thatsachen, und sofort, was bei dogmatischen Händeln unerreichbar ist, zu der Mög- lichkeit einer sichern Entscheidung. Die Frage, ob die Kirche zur Beherrschung der Welt berechtigt sei, ent- zieht sich jedem wissenschaftlichen Beweis und Gegen- beweis; die Frage aber, ob das Papstthum des 19. Jahrhunderts die Weltherrschaft erstrebe, ist der histo- rischen Betrachtung ebenso zugänglich wie jedes andere irdische Ereigniß. Wir wollen nicht vom Mittelalter reden, welches, wie man betheuert, uns so himmelweit entfernt liegt und niemals wiederkehren kann. Aber auch in den letzten fünfzig Jahren haben die Päpste und ihre Anhänger Gelegenheit genug gehabt, ihre Forderungen und ihre Zwecke nicht bloß in Kanzleiphrasen, sondern mit äußerst praktischen Handlungen zu bezeichnen. Eine übersichtliche Betrachtung derselben wird vielleicht eine bündige Antwort auf die Frage geben, ob es sich dabei um die Freiheit des religiösen Gewissens oder um klerikale Weltmacht handelt. Eben hier, um dies ein für alle Male zu betonen, liegt für uns auch der Unterschied zwischen den beiden Bezeich= nungen Katholisch und Klerikal. Katholisch ist ein Jeder, der über Gott und göttliche Dinge sich zu den von der katholischen Kirche verkündeten Lehren be= tennt. Klerikal dagegen nennen wir denjenigen, der für die geistlichen Beamten Herrscherrechte über die Dinge dieser Welt, über Staat, Schule und Wissen= schaft begehrt. Offenbar können klerikale Bestrebungen innerhalb jeder Confession erscheinen, die überhaupt geistliche Behörden besitzt, und in der That sind Bei= spiele hierarchischen Ehrgeizes bei Calvinisten, Luthe= ranern und Griechen wie bei den römischen Katholiken vorgekommen. Jedoch liegt es in der Natur der Sache, daß die klerikale Tendenz in diesem Sinne in keiner andern Kirche leichter entsteht und kräftiger ge= deiht, als in der römisch=katholischen. Auf dem Boden der protestantischen Kirchen wird sie stets ohne Aussicht auf bleibende Erfolge sein. Denn die Reformation hat von Anfang an die Grundsätze des Priesterthums jedes Christenmenschen, der freien Forschung in der Schrift und der gottgebotenen Pflicht des Gehorsams gegen die weltliche Obrigkeit in ihr Bekenntniß aufgenommen, und mit diesem Allem ist der Anspruch einer priester= lichen Hierarchie auf lehrende Untrüglichkeit und äußere Herrschermacht unverträglich. Die griechische Kirche gibt zwar den Priestern gegenüber den Laien dieselbe Stellung wie die römische, erkennt aber die Rechte der weltlichen Obrigkeit unumwunden wie die pro= testantische an. Dagegen hat die römische Kirche seit dem 6. Jahrhundert mit oft unterbrochenem, immer aber wachsendem Erfolge begonnen, aus der unbeding= ten Herrschaft ihres Klerus über den Glauben und das Gewissen des Volkes den Anspruch auf Beherrschung auch der äußeren Rechtsverhältnisse und der gesammten Geistesbildung abzuleiten. Sie verkündet, daß zwar die Laien dem König, der König aber den Priestern zu gehorchen habe. Und da eine Macht, welche die ganze äußere Welt unterwerfen will, dazu in sich selbst geschlossener Einheit bedarf, so führte jene Lehre ganz folgerichtig im Innern der Kirche zu fortgehender

Steigerung der monarchischen Gewalt des Papstes. Wie bekannt, wurde im 11. Jahrhundert das Ziel erreicht; der römische Papst wurde der Herr eines Weltreiches, welches alle europäischen Staaten umfaßte, und die Kaiser und Könige ebenso wie die Mönche und Bauern als seine Unterthanen behandeln konnte. Während mehr als 200 Jahren gelang es den Päpsten, diese Herrscherstellung siegreich gegen alle Widersacher zu behaupten. Dann aber erhob sich Opposition auf allen Seiten. Die römische Kirche büßte viele Millionen ihrer Anhänger ein; sie verlor die Herrschaft über die Staatsgewalten und die Lenkung des geistigen Lebens. Wohin man blickte, am Ende des 18. Jahrhunderts schien es mit der mittelalterlichen Größe des Papstthums für immer vorüber zu sein.

Aber, wie so oft in menschlichen Dingen, die Zeit der tiefsten Erniedrigung führte auch den Wendepunkt herbei.

Die französische Revolution brach aus. Erfüllt von Freiheitsdrang und Nationalgefühl, zugleich aber auch von Priesterhaß und Gewaltthätigkeit, erhob sie sich mit fanatischem Zorne nicht bloß gegen die römi-

ſche Hierarchie ſondern gegen die katholiſche Religion
überhaupt, und bedrängte mit Kerkerhaft, Verbannung,
Plünderung und Blutgerüſt die Prieſter und die Gläubigen. Der Papſt ſelbſt wurde zweimal als Gefan-
gener nach Frankreich geſchleppt und der Kirchenſtaat
zur franzöſiſchen Provinz gemacht.

Eben dieſe Verfolgung war nun der Beginn der
neuen Erhebung. Sie ſtählte bei Prieſtern und Be-
kennern den Muth des Gewiſſens und den Eifer der
Pflicht. In der ſtürmiſchen, von Umwälzungen und
Kriegsnoth erfüllten Zeit ging für Millionen Menſchen
das materielle Wohlleben zu Grunde; alle irdiſchen
Verhältniſſe ſchwankten; überall richtete ſich der Blick
nach Oben, und ſuchte, wo die menſchliche Kraft ver-
ſagte, Stütze und Troſt bei Gott. Dieſe Erneuerung
des religiöſen Sinnes zeigte ſich aller Orten, ohne
Unterſchied der Nationen und des Glaubensbekennt-
niſſes. Mehrere Umſtände trafen zuſammen, um ſie
vor Allem für das Papſtthum fruchtbar zu machen.
Dieſem war früher oft die Selbſtſtändigkeit der einzelnen Landeskirchen äußerſt unbequem geweſen: jetzt
waren die Einrichtungen derſelben in halb Europa
durch die Revolution zertrümmert. Die Biſchöfe klam-

merten sich in ihrer Bedrängniß an das Oberhaupt
der Gesammtkirche, weil sie nur in deren Einheit
Rettung vor völligem Verderben sahn. Gerade in
Frankreich, früher dem Boden der stolzesten Landeskirche, rief jetzt den Angriff der Revolution die Schule
des modernen Ultramontanismus in das Leben; die
damaligen Schriften von de Maistre und Bonald ent-
halten in der Theorie bereits Alles, was Pius IX.
unserer Zeit in der Praxis aufzuerlegen sucht. Damals erschienen diese Forderungen wie harmlose Träu-
mereien, gegenüber der Weltmacht Napoleon's, welcher
den Papst gefangen, die Kirche in Banden hielt.
Das natürliche Rechtsgefühl der Menschen nahm einstweilen unbedingt Partei, nicht für die Urheber, sondern
für die Opfer der Unterdrückung; man wandte dem
leidenden Papste die Achtung und Neigung zu, welche
der herrschende Papst in solchem Maaße nie gewonnen
hätte. Königthum und Adel hatten wie der Papst
die Feindschaft der Revolution, die Freiheit der Völker
hatte wie der Papst den Druck Napoleon's empfun-
den: alle Welt sah in dem Papste einen Gefährten
gemeinsamen Leidens, einen Bundesgenossen gegen die
Wiederkehr solcher Noth. Auch hier gab es keinen

Unterschied der Confessionen. Bei dem Sturze Napoleon's 1814 verstand es sich von selbst, daß der Papst im Besitze des Kirchenstaates trotz der Abneigung der dortigen Einwohner wieder hergestellt wurde. Preußen, England, Rußland, die ketzerischen Mächte, waren noch eifriger dafür, als das katholische Oesterreich, welches Bologna und Ancona gerne für sich selbst genommen hätte. Die Lenker dieser Staaten ließen es sich nicht träumen, daß das Papstthum die mittelalterlichen An= sprüche auf Vertilgung aller abweichenden Lehren und auf Oberherrschaft über die Staatsgewalten wieder aufnehmen könnte, oder auch nur die Neigung dazu empfinden würde. Unter den Heil= und Segens= wünschen von ganz Europa zog Pius VII. wieder in die alte Hauptstadt ein.

Dieser Papst war, nicht einer der bedeutendsten, wohl aber einer der wohlgesinntesten Herrscher, welche je die dreifache Krone getragen haben. Er war er= füllt von hingegebenem Gottesbewußtsein, aus dem ihm innere Heiterkeit und Menschenliebe entsprang, arglos und vertrauensvoll, leicht erregbar, aber rasch seiner Leidenschaften Meister. In jungen Jahren war er nicht unempfänglich für den Reiz der französischen

Freiheitslehren gewesen; als Papst bewunderte er neidlos die geistige Ueberlegenheit Napoleon's und ließ sich in diesem Gefühle durch keine Bedrückung und Enttäuschung irren. Dabei war es charakteristisch, daß er den drängenden Forderungen des gewaltigen Herrschers, seufzend zwar und widerstrebend, jedoch immer nachgab, so weit es sich um Fragen der Kirchenverfassung handelte, daß er dann erst zum offenen Bruche schritt, als der Kaiser seine gierige Hand nach den Provinzen des Kirchenstaates und der Stadt Rom ausstreckte. Bei aller Frömmigkeit war Pius weder eifriger Theologe noch gelehrter Jurist; er war deshalb in technischen Fragen unsicher und von seinen Rathgebern abhängig, dafür aber von höchster Gewissenhaftigkeit, so daß eine Scrupel über seine Pflicht ihn bis zu körperlicher Krankheit, ja bis zu geistiger Störung peinigen konnte, bis er die sichere Anschauung gewonnen hatte, und dann fest und freudig und muthig war. Eine durchaus kindliche Natur, mit allen Schwächen und Stärken, mit aller Liebenswürdigkeit und Unvollkommenheit, die wir in dem inhaltreichen Worte zusammen fassen.

Im Bewußtsein seiner Unerfahrenheit machte er

gleich nach seiner Erwählung 1799 den weltklugsten und geschäftskundigsten seiner Carbinäle, Consalvi, zu seinem Staatssecretär, und bewahrte ihm sein Leben lang ein unbedingtes Vertrauen. Consalvi verdiente eine solche Auszeichnung. Er war höchst unterrichtet, gewandt und auskunftsreich, als Diplomat zähe und geschmeidig, aggressiv und vorsichtig, äußerlich demüthig und innerlich selbstbewußt, wie man das oft bei katholischen Priestern findet, stets zu Nachgiebigkeit im Kleinen bereit, im Kerne der Fragen aber noch unerschütterlicher als sein Gebieter, der Papst. Gerade diese Eigenschaften Consalvi's waren unschätzbar in den ersten Jahren des Pontificats. Damals, unter Napoleon I., waren die Zeiten schwer, und man wand sich hindurch wie man konnte. Man bewilligte dem gewaltigen Herrscher im Concordate von 1802 viel größere Befugnisse in Kirchensachen, als unsere neuen Gesetze dem Staate zubilligen, und als Napoleon sich dann eigenmächtig noch weitere Rechte beilegte, ließ man es schweigend hingehn. Als aber Napoleon bei diesen Unterhandlungen einmal von Consalvi die ausdrückliche Anerkennung der Religionsfreiheit und Cultusfreiheit in Frankreich forderte, war der Cardinal

nicht zu beugen. Er blieb fest bei dem Satze, daß
die katholische Kirche ihrem Wesen nach intolerant sei
und die Glaubensfreiheit als gottlos verwerfe; sie
könne den Kaiser nicht zwingen, gegen die Ketzer ein=
zuschreiten, selbst aber nimmermehr die Ketzerei als
berechtigt anerkennen. Also duldete man schweigend,
was nicht zu ändern war; wo man aber Macht zu
haben glaubte, traten die alten Grundsätze unumwun=
den hervor. Die baierischen Herzoge hatten im 16.
Jahrhundert die lutherische Ketzerei in ihrem Lande
eifrig verfolgt, und zum Danke dafür vom Papste
volle Herrschermacht über die baierische Geistlichkeit
erhalten. Als jetzt der Kurfürst von Baiern gewisse
Gefälligkeiten vom Papste verlangte, erhielt er zur
Antwort, dann müsse er die Vertilgung des Luther=
thums erneuern, die kürzlich zugelassene Glaubensfrei=
heit abschaffen, zugleich aber auf alle kirchlichen Ho=
heitsrechte der alten Herzoge verzichten, das ganze ka=
nonische Recht der Kirche anerkennen, die Geistlichen
von Steuern und weltlichem Gerichte befreien, die
Schule und die Presse unter die Aufsicht der Bischöfe
stellen. Wenn der Kurfürst der Kirche diese schuldigen
Pflichten weigere, so müsse der Papst nach dem Bei-

2

spiele seiner Vorgänger thun, was seines Amtes sei. Was diese Worte bedeuteten ist klar genug. Der Kur= fürst war nicht so mächtig, wie Napoleon: er wurde unverblümt mit Bann und Absetzung bedroht, wenn er dem Papste Gehorsam weigere, wenn er Preßfrei= heit und Religionsfreiheit in Baiern bestehen lasse. Papst Pius VII. war persönlich so entfernt von Herrschsucht und Hartherzigkeit wie irgend ein Mensch. Aber gerade nach seiner Gewissenhaftigkeit hielt er sich verpflichtet, so weit er es vermochte, keinen Herr= scheranspruch der mittelalterlichen Päpste fallen zu lassen. So war es bereits unter dem Drucke der na= poleonischen Macht. Vollends 1814, nach der glän= zenden Rückkehr, ließ der Papst keinen Augenblick ver= gehn, seine Stellung zu bezeichnen. Rasch nach ein= ander folgten sich die Herstellung der Inquisition, des Tribunals zur Ausrottung der Ketzer, dann des Inder= amtes, der Behörde zur Unterdrückung der schlechten Presse, so wie der Gesellschaft Jesu, des Ordens, der seit seiner Stiftung die Beugung aller Welt unter Roms Befehle sich zum Zwecke gesetzt hatte. Im Kirchen= staate, wo Consalvi vielfache Reformen der Verwal= tung beabsichtigte, trugen schließlich doch auch die alten

Grundsätze den Sieg davon; die 2400 Klöster der alten Zeit mußten hergestellt und ausgestattet werden, obgleich dadurch die Finanzen freilich tief zerrüttet wurden; das Unterrichtswesen blieb vollständig unter geistlicher Leitung, welche dann allerdings 90 Procent der Bevölkerung ohne Lesen und Schreiben aufwachsen ließ; die Staatsämter blieben ausschließlich im Besitze der Priester, obwohl deren Geschäftsführung es nach kurzer Zeit dahin brachte, daß die öffentliche Sicherheit überall verschwand, und die Regierung mit den Banditen wie Macht mit Macht unterhandeln mußte. Man ertrug es, zufrieden, daß der alte Grundsatz priesterlicher Staatsgewalt wieder anerkannt war. Auf dem Wiener Congresse legte Consalvi in demselben Sinne Verwahrung gegen Alles ein, was in Europa seit 1789 geschehen war, und forderte für Deutschland Herstellung der geistlichen Staaten. Es war charakteristisch für die conservative Vertrauensseligkeit der damaligen Staatsmänner, daß ein solches Auftreten ihre auf das Papstthum gesetzten Hoffnungen nicht im Mindesten erschütterte. Man sagte, es liege einmal in der Natur der Curie, die Principien zu bewahren, in der Praxis aber schmiegsam und gefällig zu sein. Wegen

einiger officieller, kaum ernst gemeinter Redewendungen
dürfe man den heilsamen Bund der weltlichen und
geistlichen Herrscher gegen die Revolution nicht trüben.
Consalvi hütete sich, eine ihm so bequeme Auffassung
zu stören; im Gegentheil, er bestätigte sie gelegentlich
bei einzelnen Verhandlungen. Bewilligt uns den
Grundsatz, pflegte er zu bitten, thut nachher, wenn
es nicht anders geht, was ihr wollt; wir werden es
nicht bemerken. Immer blieb dann der Grundsatz für
die erste günstige Gelegenheit aufbewahrt. Man muß,
sagte Pius VII. in solchen Fällen, den Zeitumständen
Rechnung tragen; die Ketzer sind mächtig in Europa.

Wir sehen hier schon, was es zu bedeuten hatte,
wenn damals Consalvi, und im Grunde der Papst
selbst, zu einer gemäßigten Partei gerechnet wurde,
welcher im Cardinalcolleg eine hitzigere Gruppe, die
sogenannten Zelanti oder Eiferer gegenüber stand.
Beide Parteien waren durchaus einig über den Zweck;
die Verschiedenheit betraf nur die Wahl der Mittel.
Der welterfahrene Consalvi wünschte die günstige Strö-
mung durch Behutsamkeit und Mäßigung dauernd zu
machen; die ungeduldigen Theologen und Jesuiten
mahnten sie mit rücksichtsloser Energie für die heilige

Sache auszubeuten. Ohne Zweifel entsprach damals Consalvi's Politik der Weltlage durchaus. Man hatte alle Aussicht, wieder mächtig zu werden, aber man war es zur Zeit noch nicht. Ueberall waren die kirchlichen Einrichtungen durch Revolution und Krieg zerrüttet; die Leiden der letzten Jahrzehnte hatten die Menschen zwar religiös gestimmt, aber auch ruhebedürftig gemacht; die Kirche hatte schlechterdings kein Mittel, den Regierungen etwas abzutrotzen; sie war ganz und gar an den guten Willen derselben gewiesen, mußte also auch auf deren Wünsche Rücksicht nehmen. Nun waren aber die Regierungen, wie wir sahn, durchaus freundlich für die Curie gestimmt; von beiden Seiten kam man sich bereitwillig entgegen. Auch hatte man, bei der damaligen Weltlage, mehrfache innere Berührungspunkte. Alle Regierungen in ganz Europa waren 1815 revolutionsscheu, und deßhalb Feinde des Liberalismus, den sie für einen Ableger und Vorboten der Revolution hielten. Was die römische Curie betrifft, so ist sie sonst gleichgültig gegen die politischen Verfassungsformen; sie hält es mit dem Königthume, wenn ein andächtiger König, mit der Aristokratie, wenn ein devoter Adel, mit der Demokratie, wenn eine ungebildete Vollsmacht sich blind von ihr leiten läßt. Was sie aber gründlich und unter allen Umständen haßt, ist der Liberalismus, die politische Gesinnung, welche die geistige Selbstständigkeit der Menschen zu Grund und Ziel hat. Demnach vertrug sie sich treff= lich mit den absolutistischen Regierungen jener Zeit. Noch ein Anderes kam hinzu. Die damalige Länder= vertheilung entsprach sehr schlecht den nationalen Be= dürfnissen der Völker, vor Allem in Italien und Deutschland. Die bestehenden Regierungen standen also im Gegensatz zu dem Nationalitätsprincip; die Ein= heit Italiens, die Einheit Deutschlands war bei ihnen verpönt. Auch hier stimmte das Papstthum ihnen freudig zu. Die Curie will Einheit der Weltkirche, aber Zersplitterung der Staaten; über kleine Theil= staaten wird man leichter Herr, als über starke Na= tionalgewalten, welche noch dazu sehr leicht auf den in Rom höchst verhaßten Gedanken selbstständiger National= kirchen kommen könnten. Mithin war, da 1815 die Regierungen Gegner des Liberalismus und Nationalis= mus waren, ihr Bund mit der Curie von selbst gegeben. Die kirchliche Herstellung durchdrang sich mit reactio= närer Politik, wie die politische mit reactionärer Kirchlichkeit. Für den Augenblick wurde dadurch das Schicksal des Papstthums in hohem Maaße abhängig von den Siegen und den Niederlagen der damaligen conservativen Partei; noch konnte die Curie nicht mit eigener herrschender Initiative vorgehn; wie ein behutsamer Kaufmann mußte sie in den einzelnen Ländern auf wechselnden Eintritt günstiger Conjuncturen achten.

In Deutschland war 1814 die Lage der katholischen Kirche nicht glücklicher als anderwärts. Alle Einrichtungen waren zerrüttet, die Kirchengüter eingezogen, die Bisthümer zerrissen, die Klöster aufgehoben, der größte Mangel an Geistlichen machte sich fühlbar. Dabei ließ sich allein von Rom aus, ohne oder gar gegen den Willen der Regierungen nicht das Geringste thun. Die Staatsgewalten waren stark, die Bevölkerung ohne politische Rechte, von kirchlichen Dingen entwöhnt. Indessen empfanden die Regierungen selbst den Wunsch auf Herstellung kirchlicher Ordnungen. Als der kürzeste und einfachste Weg dazu erschien Allen eine Verhandlung mit dem Papste; das Vertrauen auf die Milde Pius VII. und die Mäßigung Consalvi's kam hinzu; genug alle Welt wandte sich nach Rom.

Die Curie empfing sie um so freudiger, als eben erst diese Fürsten eine neue verhaßte Gefahr von dem Papstthum abgewandt hatten. Damals gab es unter dem deutschen Klerus eine weitverbreitete Richtung, deren geistiger Führer des Bisthumsverweser von Constanz, Freiherr Wessenberg, war, deren nationalgesinnte Mitglieder den Antrag auf Gründung und Einrichtung einer deutschen Nationalkirche an den Wiener Congreß brachten. Man verhandelte dort eben auch die politische Verfassung des deutschen Bundes, und, wie alle Welt weiß, trug schließlich der Particularismus, die Souveränität der einzelnen Staaten, den vollen Sieg davon. Dies entschied denn auch über Wessenberg's Anträge. Jede deutsche Regierung wollte ihre Landeskirche für sich haben und gewiß keine deutsche Nationalkirche, deren Primas höchst wahrscheinlich ein österreichischer Prinz sein, und kraft dieser Stellung in die innern Zustände Baierns, Preußens 2c. hinein regieren würde. Besonders Baiern war durch eine solche Möglichkeit tief aufgeregt; lieber wollte man es noch einmal mit dem Papste versuchen, der freilich 1802 bis 1808 enorme Forderungen gemacht hatte, jetzt aber vielleicht gefälliger auftreten würde; man beschloß also December 1815 in München, die unterbrochene Verhandlung über ein Concordat mit Rom wieder aufzunehmen.

Man machte nun freilich sofort die Erfahrung, daß der milde Pius und der gemäßigte Consalvi über das Verhältniß von Staat und Kirche jetzt wie zehn Jahre früher grundsätzlich nicht anders dachten, als Gregor VII. und Innocenz III. Alle die alten Forderungen kamen wieder zum Vorschein, Ausrottung oder Verjagung aller Protestanten aus Baiern, damals eines Drittels der Bevölkerung, Verzicht auf alle staatlichen Hoheits- oder Aufsichtsrechte über die Kirche, Unterwerfung der Schule und der Presse unter die Herrschaft der Bischöfe, unbedingte Anerkennnng des gesammten kanonischen Rechtes. Man stritt darüber zwei Jahre lang. Endlich erinnerte sich der Minister Graf Rechberg, daß ihm einst der päpstliche Nuntius della Genga, ganz in Consalvi's Sinne, gesagt hatte: bewilligt nur den Grundsatz, in der Praxis drücken wir dann ein Auge zu. Er entschloß sich, auf diese Methode einzutreten, aber den Spieß umzukehren und gegen die Curie zu richten. Möge der Papst im Concordat die unbedingte Geltung des kanonischen Rechtes erklären, das ist sein Princip. Aber auch wir haben

un[er Princip; für uns ver[teht es [ich [till[chweigend
von [elb[t, daß in Baiern unbedingt das Staatsrecht
gilt; danach werden wir [päter in der Praxis ver=
fahren. So wurde 1817 das Concordat ge[chlo[[en.
Der König erhielt [einen Lieblingswun[ch, acht rein
baieri[che Bisthümer, deren Bi[chöfe er ernannte, deren
Pfarrer er be[tätigte, ohne ö[terreichi[chen Primas,
ohne deut[che Nationalkirche. Dafür erhielt der Pap[t
die Erklärung, daß das ge[ammte kanoni[che Recht in
Baiern gelte. Was wollte er mehr? Vernichtung der
Ketzer, Steuerfreiheit des Klerus, Befreiung de[[elben
von der bürgerlichen Gerichtsbarkeit, Unterordnung des
Königs, der Regierung und der Staatsge[etze unter
die Auf[icht des Pap[tes, das Alles war nicht aus=
drücklich im Concordate ge[agt: es ergab [ich aber von
[elb[t als Vor[chrift des jetzt anerkannten kanoni[chen
Rechts.

So war der Jubel groß in Rom, als König
Max I. die[en Vertrag im October 1817 be[tätigte.
Der Pap[t beeilte [ich, das Concordat im November
öffentlich bekannt zu machen, und den frommen König
mit Lob zu überhäufen. Allein man [ollte bald ent=
täu[cht werden. Wir bemerkten den [tillen Rechberg'[chen

Vorbehalt: es ist unter allen Umständen selbstverständ-
lich, daß das kanonische Recht in Baiern nur so weit
Geltung hat, als es nicht mit den Staatsgesetzen in
Widerspruch steht. Ja, im Uebereifer, ihre Wünsche
zu sichern, hatte die Curie, was ihr selten passirt, einen
großen Fehler gegen das eigene Princip gemacht; sie
hatte einen Artikel des Concordates proponirt: dieser
Vertrag soll in Baiern als Staatsgesetz verkündet werden. Mit inniger Freude hatte Rechberg darauf zu-
gegriffen: das hieß ja anerkennen, daß die Staatsgesetzgebung für kirchliche Dinge competent sei, daß
das Concordat erst durch die Staatsgesetzgebung wirk-
sam werde. Man war eben beschäftigt, eine neue
Verfassungsurkunde für Baiern auszuarbeiten. In
dieser sprach man nun die staatliche Garantie allge-
meiner Religionsfreiheit und die gleichmäßige Respecti-
rung der katholischen und der protestantischen Kirche
aus, man publicirte als Beilage der Verfassung ein
sogenanntes Religionsedict, welches die Oberaufsicht
des Königs über die äußern Rechtsverhältnisse der
Kirche feststellte, das Placetum regium und die Ap-
pellation vom Mißbrauch kirchlicher Amtsgewalt auf-
recht hielt, und mit der Erklärung schloß, daß die

übrigen innern Verhältnisse der katholischen Kirche durch das beiliegend publicirte Concordat, die der protestantischen durch die beiliegende königliche Declaration geregelt würden. Mit andern Worten, das Concordat gilt fortan als Staatsgesetz, und folglich, wie jedes andere Staatsgesetz in dem Sinne und Umfang, wie sich das aus den allgemeinen Grundsätzen der Verfassung ergibt. Nicht das kanonische, sondern das Staatsrecht ist das Höhere, das Entscheidende. Der Zorn und Kummer in Rom war gewaltig. Man verhandelte noch drei Jahre lang; die Einrichtung der Bisthümer blieb liegen. Aber in München hielt man fest, und so entschloß man sich 1821 in Rom zur Nachgiebigkeit. Man nahm vorlieb mit einer königlichen Erklärung, welche alle Beamten zur genauen Ausführung des Concordats als eines Staatsgesetzes anwies — d. h. also wiederum, soweit sich die Ausführung mit den Grundsätzen des sonstigen Staatsrechts, des Religionsedicts und der Verfassung verträgt.

Der Staat hatte, wenn auch nicht auf geraden Wegen, sein Prinzip behauptet. Man hatte der römischen Curie in ihrer eigenen Münze heimgezahlt.

Es war freilich eine besondere Grundlage für blei-
benden Frieden, eine auf beiden Seiten doppelzüngige
Diplomatie, speciell erbaulich bei einer Verhandlung
über religiöse Interessen. Indessen praktisch hatte der
Staat sein Ziel erreicht, und so ist es in Baiern geblieben bis auf den heutigen Tag. Kein Geistlicher
kann dort ohne königliche Genehmigung Pfarrer,
Pfründner, Bischof werden. Was heute in Preußen
die Klerikalen als grimmige Verfolgung der Kirche,
als Nichtachtung des göttlichen Gesetzes verschreien,
ist in Baiern seit 50 Jahren anerkanntes kirchliches
Recht — wie sich versteht, immer mit einem stillen
Vorbehalte, jetzt auf Seiten der römischen Curie,
sobald die Umstände günstig scheinen, auf die Ausführung des Concordats im kanonischen Sinne ihrerseits zurückzukommen.

Zu ähnlichem Ergebniß aber auf geradem Weg
gelangten damals die andern deutschen Staaten. Anfangs trat Consalvi auch hier höchst kategorisch auf.
Er erklärte den verschiedenen Gesandten wiederholt,
daß Rom sich nicht auf die Verhandlung irgend eines
einzelnen, noch so wichtigen Punktes einlassen könne,
wenn nicht das ganze Verhältniß von Staat und Kirche

durch ein Concordat geregelt würde. Wie aber ein
solches Concordat beschaffen sein müßte, das wurde
bei diesen Verhandlungen am Unumwundesten in einer
Note an Hannover vom 2. September 1817 ausge=
sprochen; Consalvi erklärte hier rund heraus, daß
von Rechtswegen der Staat ein Aufsichtsrecht über
die Kirche gar nicht habe; ein nichtkatholischer König
könne gar keine Mitwirkung bei der Ernennung katho=
lischer Bischöfe und Pfarrer und ebenso wenig einen
Einfluß auf die Erziehung und Bildung des katholi=
schen Clerus erhalten; die Geistlichen dürften keiner Civil=
gerichtsbarkeit unterworfen werden; es dürfe nicht aus=
gesprochen werden, daß die verschiedenen Kirchen gleich=
berechtigt und zu gegenseitiger Achtung verpflichtet
seien; die katholische Kirche müsse auch die Ketzer stets
als Schafe, wenn auch zur Zeit als rebellische Schafe,
der ihrer Leitung anvertrauten Heerde betrachten.
Dies Alles wurde damals so rund herausgesagt, im
Jubel des Siegesbewußtseins nach den eben verab=
redeten Concordaten mit Frankreich und Baiern. Als
dann bald nachher das französische sich zerschlug und
das baierische durch die Verfassung interpretirt wurde,
zog Consalvi mildere Saiten auf, und ließ sich all=

mählich herbei, unter Absehn von den unversöhn=
lichen Principien über solche einzelne praktische Punkte
zu verhandeln, über die eine Einigung möglich war,
über die Einrichtung und Abgrenzung neuer Bis=
thümer durch den Papst, und die Dotation und Be=
zahlung derselben durch die Regierungen. Man wählte
dafür die Form nicht eines völkerrechtlichen Vertrags,
sondern einer vom Papste zu erlassenden Bulle, welche
dann von der betreffenden Regierung als Staatsgesetz
publicirt wurde. Fast alle Regierungen, Preußen,
Baden, beide Hessen, Hannover vollzogen diese Publi=
cation unter ausdrücklichem Vorbehalt aller ihrer
Staatshoheits= und Aufsichtsrechte. Natürlicher Weise
überließ sich Rom seinerseits der stillen Hoffnung, daß
die jetzt wieder eingesetzten Bischöfe bald möglichst diese
Aufsichtsrechte abschütteln, und das kanonische Recht
zur vollen Geltung bringen würden. Fürs Erste
wurde dadurch aber nicht verhindert, daß ein volles
Menschenalter hindurch in ganz Deutschland, trotz des
kanonischen Rechtes, die Gleichberechtigung der Con=
fessionen, die Leitung der Schule durch den Staat,
die Unabhängigkeit der Litteratur von der Kirche, ein
starker Einfluß des Staats auf die Besetzung der Bis=

thümer und der Pfarreien durchaus anerkanntes, öffentliches Recht blieb.

Uns interessirt nun vor Allem die Entwicklung dieser Dinge in Preußen.

Zwei verschiedene Strömungen machten sich in Bezug auf kirchliche Dinge unter den damaligen Lenkern in Berlin bemerklich. Die Eine war hauptsächlich durch den Minister Schuckmann, den geheimen Rath von Raumer, den rheinischen Oberpräsidenten Grafen Solms-Laubach, den Generalconsul Bartholdy in Rom vertreten, und wurde in der Hauptsache von Wilhelm v. Humboldt unterstützt: diese Männer waren erfüllt von den Gesinnungen Friedrich des Großen, wollten die unbedingte Hoheit des Staates in kirchlichen Angelegenheiten festhalten, und wenn auch ihnen ein Benehmen mit Rom zur Herstellung der kirchlichen Ordnung unerläßlich schien, (Solms meinte sogar, der König solle die Bisthümer auf eigne Hand einrichten und gut dotiren, der Papst werde zuletzt es mit Dank anerkennen müssen) so gingen sie doch an jede Verhandlung mit der Curie nur in dem Gefühle tiefsten Mißtrauens, und wollten von Anfang an kein Concordat sondern nur eine Circumscriptionsbulle.

Andrer Meinung waren die geheimen Räthe Nicolo-
vius (Protestant) und Schmedding (Katholik), in ge-
wisser Hinsicht der geistliche Minister Altenstein und
vor Allem der preußische Gesandte in Rom, der berühmte Historiker Niebuhr. Sie hatten durchaus nicht
den Gedanken, ihren Staat der römischen Kirche un-
terzuordnen. Aber sie waren lebhaft von jenem Gefühle erfüllt, daß alle conservativen Mächte sich gegen
den Dämon der Revolution enge verbinden müßten,
daß die legitimen Könige den einst von Revolution
und Empire bedrängten Papst zu ehren und zu stützen
hätten, daß ein mächtiger Staat die kirchlichen Dinge
mit Uneigennützigkeit und Großherzigkeit behandeln
müßte. Keiner von ihnen hatte den mindesten Arg-
wohn, daß der Papst seine Gewalt gelegentlich auch
einmal wieder gegen die Autorität des Königthums
verwenden könnte. Niebuhr, ein lebhafter und leidenschaftlicher Mann, schimpfte über die Engherzigkeit und
Beschränktheit der hannoverschen und würtembergischen
Gesandten, welche dem Papste gegenüber wie verkappte
Jacobiner und Kirchenfeinde aufträten. Den baieri-
schen Gesandten aber, der unaufhörlich ganz gegen
seine Instructionen der römischen Curie Concessionen

machte, nannte er einen höchst ehrwürdigen Greis. Hätte es nur von ihm abgehangen, so würde schon damals die Curie für Preußen den größten Theil ihrer Wünsche durchgesetzt haben. Allein nach fünf= jährigen Ueberlegungen und Schwankungen entschieden Friedrich Wilhelm III. und der Staatskanzler Harden= berg im Wesentlichen für die Auffassung Raumer's und Bartholdy's. Man wolle nur eine Circumscriptions= bulle erlangen; der Papst möge die Grenzen, die Ca= pitel und die Pfarreien der Bisthümer feststellen; der Staat werde die Geldmittel dazu geben, wenn dem Könige ein entscheidender Einfluß bei der Er= nennung der Bischöfe eingeräumt würde. Wir sahen, wie scharf Consalvi das Letztere 1827 bei Hannover zurückgewiesen hatte. Jetzt aber waren die Zeiten an= ders. In Neapel hatte man eben eine Revolution erlebt, in Spanien stand sie noch in voller Blüthe, in Frankreich lagen alle Verhältnisse unsicher. Man wünschte also unter solchen Verhältnissen etwas dem Könige von Preußen Angenehmes zu thun. „In die Bulle, sagte Consalvi, kann der Papst eine solche Ein= räumung an einen nichtkatholischen Fürsten unmög= lich setzen. Aber er wird dafür in einem besondern

Brebe die preußischen Capitel anweisen, niemand zum
Bischof zu wählen, über den sie nicht die Ueberzeu=
gung erlangt haben, daß er dem Könige angenehm
ist." Niebuhr, selbst äußerst gerade und rechtschaffen
und deshalb ohne Mißtrauen gegen Andere, war da=
mit zufrieden. Die Bulle wurde ausgefertigt und
das Brebe erlassen. Bei der Bekanntmachung der
Bulle behielt sich der König alle bisherigen Staats=
hoheitsrechte ausdrücklich vor, und so gestaltete sich
denn auch die Praxis ohne Widerspruch von Rom.
Vergegenwärtigen wir uns die so entstandenen
Verhältnisse.

Als die Unterhandlung mit Rom begann, übte die
preußische Regierung über die katholischen Kirchen des
Landes unbestritten die Rechte, wie sie in den alten
Provinzen hergebracht, auf dem linken Rheinufer aber
durch die Gesetze Napoleon I. festgestellt waren. Die
letzteren unterwarfen der Genehmigung des Staates
den Empfang jedes päpstlichen Schreibens, die Be=
kanntmachung jedes Concilienschlusses, das Zusammen=
treten zweier oder mehrerer Bischöfe zu kirchlichen Be=
rathungen, die Gründung eines Klosters oder einer
kirchlichen Gemeinde. Die Einrichtungen der Priester=

seminarien wurden vom Staate geprüft und beaufsichtigt; jeder directe oder indirecte Angriff auf andere vom Staate anerkannte Glaubensbekenntnisse
war dem Kanzelredner untersagt. Jede Ueberschrei-
tung dieser Vorschriften zog Untersuchung und Ahn-
dung wegen Mißbrauchs der Kirchengewalt nach sich.
Was die Ernennung der Pfarrer betraf, so behielt
sich der Staat die Bestätigung der definitiv anzu-
stellenden Oberpfarrer vor; die große Masse aber der
sogenannten Succursalpfarrer und Vicare wurden allein
von dem Bischofe beauftragt, wie sie denn auch in jedem
Augenblick von diesem versetzt oder abgesetzt werden konnten. Die preußische Gesetzgebung griff hier regulirend ein;
sie bestimmte, daß nach Analogie der weltlichen Ober-
behörden der Bischof bei Dienstvergehn eines solchen
Pfarrers eine Disciplinarstrafe bis zu 20 Thalern
oder vier Wochen Gefängniß verhängen könne, und
daß andrerseits dem Pfarrer gegen eine ungerechtfertigte
Absetzung durch den Bischof die Berufung an den Cul-
tusminister offen stehe. In den rechtsrheinischen und
altländischen Provinzen wurde die Anstellung der
Pfarrer, wo die Regierung das Patronatrecht besaß,
von dieser vollzogen, wo dasselbe in der Hand einer

geiftlichen Behörde oder eines Grundbesitzers lag, von
ihr genehmigt. Wie nach französischem, war auch
nach preußischem Recht der Verkehr der geiftlichen Behörden mit Rom der Erlaubniß der Staatsgewalt
unterworfen. Das ftaatliche Aufsichtsrecht über die
Kirche, wie es durch eine Jnstruction vom 22. October
1817 geordnet war, regelte die Ausübung des Pa-
tronatrechtes, die Verwaltung des Kirchenvermögens,
die Abgrenzung der Pfarreien, die Censur der Gebet-
bücher und Hirtenbriefe, die Disciplin der niedern
Kirchendiener, die Aufrechthaltung des Friedens zwischen
den verschiedenen Confessionen. Auf die Ausbildung
des Klerus übte der Staat durch die akademischen
Facultäten einen entscheidenden Einfluß; die Aufsicht
über das weltliche Schulwesen konnte ein Geistlicher
nur im Auftrage des Staates und nach deffen Vorschriften führen.

Dies also war der rechtliche Zustand der katholischen Kirche in Preußen, als Niebuhr und Consalvi
unterhandelten, und es ist begreiflich, daß die Curie
eine umfassende Aenderung desselben nach ihren Grundsätzen durch ein allgemeines Concordat wünschte. Auf
der andern Seite drängte der materielle, durch Revo-

lution und Krieg herbeigeführte Nothstand der Kirche, welchen Preußen in glänzender Weise abzuhelfen anbot, wenn der Papst sich zu einer bloßen Circumscriptionsbulle entschlösse. Diese Erwägung schlug denn endlich in Rom durch, und die Bulle de salute animarum wurde unterzeichnet. Nach der üblichen Weise hatte die Curie darin die bestehenden Rechtsverhältnisse der preußischen Kirche ausdrücklich weder anerkannt noch verworfen; sie hatte darüber geschwiegen. Aber sie that etwas Anderes, was sonst unter irdischen Menschen nach Recht und Ehre noch stärker bindend als bloße Worte erscheint: sie nahm für Bischöfe, Capitulare und Pfarrer die auf Grund des bestehenden Rechtszustandes von Preußen angebotenen Geldsummen an, verstattete sie Jahr für Jahr den Betheiligten auf Grund des bestehenden Rechtes fortzubeziehen, und sprach mehr als einmal dem Könige ihre Genugthuung über sein bewundernswerthes Verfahren aus. Ja sie selbst richtete ihr eigenes Verhalten in preußischen Kirchensachen nach preußischem Rechte; sie ließ z. B. ihre Correspondenz mit den Bischöfen, ganz wie es das preußische Gesetz vorschrieb, fast zwanzig Jahre lang ausschließlich durch die Hand des preußischen

Ministeriums gehn. Kein Mensch in Preußen konnte damals sich träumen lassen, daß der kirchliche Rechts- zustand unseres Staates in Rom nicht anerkannt sei, oder gar, daß dort die Auflehnung gegen denselben für eine religiöse Gewissenspflicht gehalten werde. Jedenfalls hat auf diese Weise die katholische Kirche in Preußen sechzehn Jahre lang bestanden, ohne daß während dieser Zeit auch nur der Versuch eines Protestes erschienen wäre. Das innere Leben der Kirche, ihre Glaubenssätze, ihr Gottesdienst, ihre Seelsorge blieben völlig unberührt von jedem Staats- einfluß: aber ihre äußern Rechtsverhältnisse haben existirt ganz und gar „nach Maaßgabe des Staats- gesetzes". Die einzelnen Einrichtungen, durch welche der Staat seine Kirchenhoheitsrechte ausübte, trugen begreiflicher Weise das Gepräge der damaligen Zeit, der absolut monarchischen und bureaukratischen Ver- fassung, und deshalb wird heute niemand daran den- ken, sie in den alten Formen ohne Weiteres wieder- herzustellen. Genug aber, bureaukratisch oder parla- mentarisch, niemand bestritt damals den Grundsatz, daß der Staat die Rechtsverhältnisse der in seinen Landen befindlichen Kirchen zu regeln und zu beaufsichtigen

habe. So war es 1820, so war es auch 1840 und
1850, als das bisherige System von der preußischen
Regierung verlassen wurde. Alle sodann eintretenden
Aenderungen erfolgten ohne irgend eine Mitwirkung
der kirchlichen Gewalten, lediglich aus dem freien Willen
der politischen Machthaber, ausschließlich durch Acte
der Staatsverwaltung und der Staatsgesetzgebung.
Mit welchem Schatten des Rechtes kann man also
heute dem Staate die Befugniß bestreiten, weiter zu
ändern, was allein seine Gesetzgebung 1850 geschaffen
hat? Wie soll es ihm verwehrt sein, die allein von
ihm festgesetzte Ordnung nach Bedürfniß wieder um-
zugestalten, und in einzelnen Punkten auf das System
von 1815 zurückzugreifen? Welch eine Stirne gehört
dazu, diesen Thatsachen gegenüber die Empörung gegen
dies dreißig Jahre wirksame System als ein Gebot
Gottes auszurufen!

Es ist jetzt klerikaler Brauch, jene Zustände von
1821 kurzer Hand als eine Zeit der Knechtschaft der
Kirche zu bezeichnen. Die ältern Mitglieder dieser
Versammlung werden sich indessen wohl erinnern, daß
unter diesem Systeme Religion und Frömmigkeit nicht
schlechter als heute beschaffen war. Die Kirchen wur-

den ebenſo eifrig wie heute beſucht; an wohlthätigen
Vereinen und frommen Werken war kein Mangel;
das Kirchenvermögen gedieh unter der überall ordnen=
den und erhaltenden Aufſicht des Staates; das Unter=
richtsweſen aller Stufen lieferte glänzende Ergebniſſe,
jedenfalls ſehr viel beſſere als heute. Von confeſſio=
nellem Zanke war hier im Lande wenig zu ſpüren;
die Eifrigen auf beiden Seiten nannten dieſen Frie=
densſtand kirchliche Lauigkeit, und klagten über die Peſt
des religiöſen Indifferentismus. Hier und da erhob
ſich wohl eine Beſchwerde, daß die Regierung bei der
Beſetzung der höhern Staatsämter parteiiſch für die
Proteſtanten ſei: man hätte mit mehr Grund damals
von einer gewiſſen Vorſicht gegen die neue halbfran=
zöſirte Provinz reden können; ſpäter war bei den An=
ſtellungen das Verhältniß des höhern Schulbeſuchs
entſcheidend, wo bis auf den heutigen Tag die pro=
teſtantiſche Bevölkerung einen ungleich höhern Procent=
ſatz an Schülern und folglich an künftigen Beamten
als die katholiſche liefert. Im Allgemeinen dauerte
bei der Regierung jene Grundſtimmung fort, jeden
poſitiven Glauben, alſo auch den katholiſchen, als einen
Schutzwall für conſervative Geſinnung zu betrachten.

Als in Schlesien einmal einige katholische Pfarrer deutsche Messen zu lesen begannen, und der Fürstbischof Schimonski gegen sie einschritt, erließ auf der Stelle auch das Ministerium eine donnernde Verfügung gegen die Neuerer und bedrohte sie als Demagogen und Revolutionsmänner mit den härtesten Strafen. Der Cölner Erzbischof, Graf Spiegel, ein gebildeter Welt= mann, der erfüllt von ächter Frömmigkeit aber ohne eine fanatische Ader war, stand während seiner gan= zen Verwaltung mit der Staatsgewalt im besten Ein= vernehmen.

Es bedarf nach allem Angeführten nicht erst der Bemerkung, daß man in Rom diesen Zustand zwar thatsächlich anerkannte und mitmachte, innerlich aber nicht mit zufriedenen Blicken betrachtete. Mochten die Millionen deutscher Katholiken jetzt wieder ungestörten, glänzenden Gottesdienst, mochten sie rechtgläubige und wohlunterrichtete Seelsorger haben: dies hätte ausge= reicht, wenn das klerikale Programm nichts als Frei= heit des Glaubens begehrte. Ihm aber kam es auf andere Freiheiten an, auf die Freiheiten, welche Con= salvi 1803 und 1817 von Baiern und Hannover gefordert hatte, die Freiheit, die Nichtkatholiken zu verjagen oder zu bestrafen, die Freiheit, durch die Schule die Jugend zu blinder geistiger Abhängigkeit zu erziehn, die Freiheit, jedes unliebsame Buch oder Zeitungsblatt zu vernichten, die Freiheit, gewaltige Güter und Reichthümer als Mittel weiteren Einflusses anzuhäufen. Einstweilen fand sich in Deutschland keine Handhabe, die Verhältnisse zu ändern. Um so eifriger war Rom bestrebt, die günstigen Conjuncturen auszubeuten, welche damals in Südeuropa eine neue Epoche geistlicher Machtentfaltung zu eröffnen schienen.

II.

Wir wenden uns zunächst zu der Betrachtung der französischen Verhältnisse unter der bourbonischen Restauration 1815 bis 1830.

Man hat nicht selten die innere Bewegung Frankreichs aufgefaßt als den Kampf zwischen einem nach Unumschränktheit strebenden Königthum und den liberalen Verfechtern des constitutionellen Systems. Diese Vorstellung ist unrichtig. Das Königthum war damals schwach und ohne Wurzeln im Lande; es stand anfangs neutral, dann lange Jahre wechselnd und schwankend zwischen den Parteien. Die eigentlich kämpfenden Mächte waren eben diese Parteien, die klerikale und altabliche auf der einen, die bürgerlich-liberale auf der andern Seite.

Der verunglückte Versuch Napoleon's auf Herstellung des Kaiserthrons, der mit Waterloo und St. Helena endigte, hatte in ganz Frankreich einen unermeßlichen Aufschwung der klerikalen Partei, die sich

in diesem Augenblick die royalistische zu nennen pflegte,
zur Folge. Der Schrecken über die letzte Erhebung
des militärischen und revolutionären Despotismus war
ähnlich groß, wie heute der Schrecken vor der Com-
müne. Der Ruf ging damals durch das Land, zur
Rettung aus solchen Gefahren bedürfe man nicht bloß
einer tüchtigen Staatsgewalt; eben diese war ja bei
Napoleon's Erscheinen haltlos zusammengebrochen; es
bedürfe einer tiefen und heilsamen Wiedergeburt des
ganzen socialen Zustandes unter der Lenkung eines
ewigen und unerschütterlichen Moralprincips. Dies
Princip meinte man damals wie heute in der Erhö-
hung der katholischen Kirche zu finden, und die royalistische Partei entwickelte dann einen unermeßlichen
Eifer für diesen Zweck. Am Hofe fanden sie bei König Ludwig XVIII. nur eine sehr bedingte Zustim-
mung; der alte Herr war sein Lebenlang voll von
Geist und kalt von Herzen gewesen, ein kluger Rech-
ner, ein ästhetischer Genußmensch, ohne irgend einen
starken Affect und mithin allem hitzigen und extremen
Auftreten abgeneigt; so gut katholisch, wie es seine
königliche Anstandsrolle erforderte, im innersten Sinne
aber Rationalist aus Voltaire's Schule, sehr erfreut

über jede Stärkung seiner königlichen Autorität, aber vom ersten Tage an etwas bedenklich, welchen Preis an Machtbefugnissen der diensteifrige Klerus sich von dem Königthum würde zahlen lassen. Desto gründlicher warf sich der Thronfolger, der Bruder des Königs, Graf Carl von Artois, in die klerikale Bahn. Er war ein sehr lustiger Lebemann in sei= ner Jugend gewesen, und wie es bei solchen Leuten der Brauch ist, im Alter devot ohne Maaß. Noch immer war er übrigens warmblütig und rasch ent= schlossen, in vollem Gegensatz zu seinem rechnenden Bruder in jeder Stimmung aus Einem Stück. So sammelte er die hitzigsten Eiferer der klerikalen Par= tei um sich, wurde das Haupt einer jesuitischen Con= gregation, die unter seinem Schutz sehr rasch ihre Verzweigungen durch die vornehme Welt, die Beam= tenschaft, die Pfarrgeistlichkeit des ganzen Landes aus= dehnte, und bildete so neben den officiellen Behörden eine fest geschlossene, äußerst rührige Nebenregierung, die alle Mittel des politischen Einflusses für die kirch= lichen Zwecke in Bewegung setzte. Man verfolgte die politisch Mißliebigen durch geistliche und weltliche Polizei, man ließ die Beförderung keines Beamten zu,

der nicht seinen regelmäßigen Beicht= und Communion=
zettel vorlegte, man drängte Schullehrer und Pro=
fessoren aus dem Amte, die nicht eine tabellose kirch=
liche Rechtgläubigkeit zur Schau trugen. In allen
Departements organisirte der Klerus Missionspredigten
zur Ausrottung des modernen Heidenthums; Geist=
liche und Mönche hielten solche Predigten auf dem
Marktplatz der Stadt, auf freiem Felde vor dem
Dorf. Nagelneue Mirakel fanden sich ebenso zahlreich
wie heute; große Wallfahrten zogen in aufgeputzten
Massen von einem Ende des Landes zum andern.
Unter all diesem Getümmel ging man weiter daran,
die kirchliche Macht durch große gesetzliche Einrichtun=
gen bleibend auf breitester Grundlage zu befestigen.
Da der alte Adel an der Spitze der klerikalen Be=
wegung stand, so wollte man die Centralisation der
Verwaltung, die ihren Mittelpunkt in dem profanen
Paris hatte, auflösen, in jedem Bezirk die leitende
Macht in die Hand der großen Grundherren legen,
einzelne Provinzen als halb selbstständige Kronlehn
auf die Leitung gottseliger Prinzen stellen. Trotz aller
Finanznoth sollten dann die Bisthümer mit Staats=
waldungen ausgestattet, die Zahl derselben von 62

auf 92 vermehrt, dem Papste ein verstärkter Einfluß auf die Bischofswahlen eingeräumt, alle bisherigen Aufsichtsrechte des Staates über kirchliches Wesen
abgeschafft, gottlose Leute polizeilich ausgewiesen werden. Wie Sie sehn, handelte es sich nicht allein um
die Freiheit des katholischen Gewissens, um die Un-
verletzlichkeit des katholischen Glaubens; es handelte sich
noch um viele andere schöne Dinge, um den Besitz
herrlicher Wälder, Schwächung der Staatsgewalt,
Verbannung ruchloser Ungläubiger; es handelte sich
um Reichthum und Macht. Die Franzosen trugen
dies Alles der Curie eifrig entgegen, und erlebten zu
ihrer großen Ueberraschung, daß der immer behutsame
Consalvi dringend warnte, nicht zu hitzig vorzugehn,
und dadurch eine unangenehme Reaction in Frankreich hervorzurufen. Er hatte ganz richtig gesehn;
1817 schlug sowohl König Ludwig, der weder die
Staatsforsten noch die Provinzialverwaltung hergeben
wollte, als auch die öffentliche Meinung in Frankreich
um. Selbst bei den unbefangenen gläubigen Bauern
hatte der unermeßliche Eifer der Geistlichkeit die Sorge
wach gerufen, daß es dieser nicht bloß auf Gottselig-
keit und Heiligkeit, sondern zugleich auf gewisse irdi-

sche Annehmlichkeiten, wie die Herstellung der Zehnten und Herrenrechte ankomme. Genug, die klerikale Kammer wurde aufgelöst; die Neuwahlen lieferten eine liberale Mehrheit, und ein gemäßigt liberales Ministerium kam zur Macht. Die römische Unterhandlung verlief darauf mit geringfügigen Ergebnissen im Sande.

Die liberale Partei hätte es bei der Gesinnung des Königs und des Landes in der Hand gehabt, auf lange hin die Geschicke Frankreichs im constitutionellen Sinne zu beherrschen. Sie besaß dafür nicht bloß ausreichende sondern glänzende Talente; die Aufgabe war, fest zusammen zu halten, planmäßig zu verfahren, und mit Vermeidung unnützer Zänkereien den Ausbau des liberalen Staatswesens fortzusetzen. Mit einem Worte, was sie bedurfte, war Einigkeit und Mäßigung. Leider trat davon in jeder Beziehung das Gegentheil ein. Dem Liberalismus, der auf individuelle Selbstständigkeit arbeitet, wird es immer schwerer als den übrigen Parteien, sich zu discipliniren und zu zügeln, obgleich ohne diese Fähigkeit für ihn so wenig wie für irgend jemand sonst im politischen Kampfe sich etwas Bleibendes erreichen läßt. Damals in

Frankreich bildete sich auf der Stelle eine radicale Partei, die es für liberale Pflicht hielt, auch den liberalen Ministern Opposition zu machen, der kein liberaler Gesetzentwurf liberal genug war, deren Presse von Schmähungen gegen die königliche Familie und von Lobeserhebung der großen Revolution, der Republik und der Schreckenszeit widerhallte. Die klerikale Partei sah diesem unvernünftigen Treiben mit tiefer Schadenfreude zu; sie sah, wie die Stellung der liberalen Minister durch die liberalen Heißsporne untergraben, große Massen der Bevölkerung ängstlich, der König immer stärker abgestoßen wurde. Als dann endlich ein revolutionärer Fanatiker den Neffen des Königs, den Herzog von Berry, ermordete, war ihre Stunde gekommen. Durch ganz Europa ging der Ruf, daß Ludwig XVIII. die unheilvolle Bahn des Liberalismus verlassen müsse, und im December 1821 zogen die Klerikalen unter der einsichtigen Leitung des Herrn von Villèle auf's Neue triumphirend in den Besitz der Staatsgewalt ein. Sie hatten wieder die Mehrheit in der Kammer; der König, der sie auch jetzt nicht liebte, war alt und krank und schwach; die thatsächliche Herrschaft lag bereits in der Hand ihres frommen Anhängers, des Grafen Carl von Artois. Draußen zeigten ihnen, als den Feinden des schlimmen Liberalismus, die Höfe von Wien, Berlin und Petersburg die lebhafteste Zuneigung. Nirgend sahn sie noch ein Hinderniß gegen die vollständige Verwirklichung ihres Programms, und nicht zufrieden, Frankreich der klerikalen Herrschaft zu unterwerfen, drängten sie mit glühendem Eifer zu weiteren Eroberungen hinaus, zu einem neuen Kreuzzug französischer Ritterschaft im päpstlichen Dienste. Es war damals Spanien, welches sie zunächst im Auge hatten.

Auch für unsere Betrachtung ist das damalige Spanien von höchstem Interesse. Es ist das einzige große Reich in Europa, wo durch 250 Jahre das klerikale System die unbedingte Herrschaft gehabt hat. In allen andern Ländern ist ihm stets nur eine unvollständige Durchführung seiner Grundsätze gelungen, und seine Anhänger haben dann nicht ermangelt, nicht die Existenz des Systems, sondern die Unvollständigkeit desselben für die Quelle aller übeln Erscheinungen auszugeben. In Spanien ist diese Ausrede unmöglich; seit 1550 hat dort das klerikale System den Staat und die Politik, die Gesellschaft und die Wissen-

schaft in jeder Hinsicht beherrscht; zur Belehrung aller
Zeiten hat es hier der Welt gezeigt, welche Wirkungen
seine Macht über die ihm überlieferten Völker verhängt.
Seit Philipp II. bis auf Carl III. lenkte die Kirche
das spanische Staatswesen unbedingt. Sie trieb die
Könige zu steten Kriegen für die Ausrottung der Ketzer
und die Ausdehnung der päpstlichen Herrschaft. Sie
vertilgte jede abweichende Regung und jeden freien
Gedanken durch die Scheiterhaufen der Inquisition,
und machte bald durch die Beherrschung der Presse,
der Litteratur und des gesammten Unterrichts jede
fremde Richtung unmöglich. Sie häufte colossalen
Güterbesitz an, von dem viele tausende halbhöriger
Bauern in unbedingter Abhängigkeit standen. Sie
erfüllte alle Stände mit der schwärmerischen Begeisterung für klösterliche Weltflucht und kirchliches Ritter-
thum. Die Nation entwöhnte sich vom Denken und
Lernen; sie entwöhnte sich bald auch von Thätigkeit
und erwerbendem Schaffen. Jeder Spanier hielt sich
als Mitglied des frömmsten und tapfersten Volkes
für einen gebornen Edelmann, und arbeitete nur so
viel als er mußte, um nicht zu verhungern. Ackerbau
und Handwerk standen in tiefer Verachtung; jeder strebte,

Soldat oder Geiftlicher zu werden, Hunderttausende lebten von den Bettelsuppen der 30,000 Klöster. Alles Gewerbe Castiliens lag in der Hand von 160,000 Fremden; alle Gold- und Silbermassen Amerika's rannen spurlos durch das Land hindurch in die Casse der fleißigen und producirenden Nachbarn. So ging in einem Jahrhundert die Bevölkerung von zehn auf sechs, die Staatseinnahmen von 280 auf 38 Millionen herunter. Die höhern Stände sanken durch das träge Schmarotzerleben in tiefe Entsittlichung; bei dem Volke blieb die volle Leidenschaftlichkeit des von keiner Bil= dung berührten Naturmenschen. In der That, das System hatte sich bewährt: es gibt kein anderes, welches das Volk so sicher zu devotem Gehorsam er= zieht. Aber durch die Zerrüttung aller Bildung war der Staat ruinirt und die Volksgesittung auf der Stufe des Wilden zurückgehalten.

Ueber diese Zustände ergoß sich nun 1808 die napoleonische Eroberung. König Ferdinand VII. wurde hinterlistig gefangen, Napoleon's Bruder Joseph auf den Thron gesetzt, das ganze Land mit französischen Heeresmassen überschwemmt. Aber auf der Stelle er= folgte dagegen ein furchtbarer Ausbruch. National=

stolz und kirchlicher Eifer riefen mit gleichem Unge-
stüm das Volk zum Freiheitskampfe.

Hier war Anfangs kein Unterschied der Parteien,
der kirchliche und der nationale Haß gegen den Usur-
pator wirkten zusammen. Als die Cortes die Verfassung
von 1812 ausarbeiteten, stimmten Liberale und Klerikale gemeinsam für die römisch-katholische Kirche als die
ausschließlich herrschende, als die einzig im katholischen
Spanien erlaubte, — denn in Spanien waren damals auch die Liberalen noch völlig gläubige Ver-
ehrer der Kirche. Sie stimmten ferner gemeinsam für
das Princip der Volkssouveränität, für die stärksten
Beschränkungen der königlichen Gewalt, für Einkam-
mersystem und gleiches allgemeines Stimmrecht. Denn
der König war abwesend in Napoleon's Haft; wer
konnte wissen, was aus ihm wurde? Der Klerus
aber war sicher, bei gleichem allgemeinem Stimmrecht
durch die von ihm völlig abhängigen Bauern die
Wahlen zu den Cortes, und dann durch diese das
Ministerium und künftig auch den König zu beherrschen. Diese schöne Eintracht zwischen gläubigen Liberalen und demokratischen Klerikalen dauerte jedoch nicht
lange, und es ist wieder charakteristisch, wodurch sie

gestört wurde. Die Liberalen meinten, es gehöre nicht zum Wesen ächter Frömmigkeit, elende Abministration, schleppende Justiz, halbhörige Bauern und ein schlecht unterrichtetes Volk zu haben: als diese Ansichten dann bei den Cortes die Mehrheit gewannen, als demnach die Inquisition abgeschafft, Schulreformen verfügt, die gutsherrlichen Rechte und bäuerlichen Lasten und damit auch die Einkünfte der Kirchen vermindert wurden, da erhob sich der Klerus mit wüthender Heftigkeit, erklärte die Liberalen alle für verruchte Freimaurer und gottlose Aufklärer, und begann geradezu den Bürgerkrieg gegen die Regierung der Cortes. Eben jetzt, 1814, kam Ferdinand VII. aus der Gefangenschaft zurück, und der Klerus, der zwei Jahre früher die Volkssouveränität hatte verkünden helfen, beeilte sich, dem Könige die salbungsvollste Begeisterung entgegen zu tragen, und die Ausrottung der Liberalen, den Sturz der Verfassung zu begehren.

Dieser König Ferdinand war nun einer der nichtswürdigsten Menschen, der jemals einen Thron verunehrt hat. Es wurde ihm nur wohl in niedriger Liederlichkeit und völlig gemeiner Gesellschaft; seine Zechgenossen waren seine Lakaien, Kammerdiener und

Kuppler, die Leute des Vorzimmers, der camera, die
Camarilla. Dabei war er schlau und feig, hatte sich
einst gegen seinen schwachen und gutmüthigen Vater
empört, und war vor der rauhen Macht Napoleon's
gekrochen; er war hinterhaltig und tückisch, und zu=
gleich grausam wie alle verdorbenen Wollüstlinge.
Ein wirklich religiöses Gemüth, eine reine und christ=
liche Gesinnung hätte sich mit Abscheu von dem Ge=
danken abwenden müssen, einen Menschen dieses Schla=
ges von den Schranken jeder Verfassung zu befreien
und Spaniens ganzes Geschick seiner lasterhaften Will=
kür anheim zu geben. Aber von einer solchen Stim=
mung war die klerikale Partei weit entfernt. Wenn
der König ihr die alte Macht wieder gab, so mochte
er sonst wirthschaften wie er wollte. Und Ferdinand
war allerdings, im Sinne äußerer Kirchlichkeit, er=
staunlich fromm. Er hörte täglich die Messe, küßte
andächtig die Hand seines Beichtvaters, und stickte
höchst eigenhändig kostbare Gewänder für wunderthä=
tige Marienbilder. So kam das Bündniß zwischen
ihm und dem Klerus ohne Schwierigkeit zu Stande.
Noch ehe er in Madrid eingezogen, verfügte er am
12. Mai die Aufhebung der Verfassung; dann folgte

am 9. Juni ein königlicher Erlaß zum Preise der Je=
suiten und am 21. Juli die Herstellung der Inquisi=
tion. Ueberall wetteiferte man in der Rückkehr zu
den goldenen Zeiten der Kirche. Alle Minister waren
abhängig von den Intriguen und Launen der Ca=
marilla, aber die festen politischen Rathgeber des Kö=
nigs waren der Beichtvater Ostolaza und der päpst=
liche Nuntius Gravina, der übrigens in Consalvi's
Auftrag oft zu Mäßigung und Vorsicht zu rathen
hatte. Indessen, wie hätte er zürnen können, wenn
er überall die Klöster hergestellt, die Freidenker ver=
folgt, die Kathedralen neugeschmückt sah? wenn Prä=
laten und Abteien binnen fünf Jahren durch königs=
liche Freigebigkeit mit Pfründen und Gütern, 300
Millionen werth, beschenkt wurden? wenn jede Reform
des Unterrichts als höllische Ketzerei beseitigt und alle
Schulen wieder in die geistliche Hand gelegt wurden?
Genug, Spanien wurde aufs Neue die katholische
Monarchie par excellence. Sonst freilich war der
Zustand erbärmlich und empörend über alle Begriffe.
Ueberall wurden die großen Geschäfte mit voller Un=
fähigkeit, Unstätigkeit und Unthätigkeit verwaltet. Der
Hof praßte, die höhere Beamtenschaft bedachte sich mit

schamlosen Unterschleifen; alle Steuererträge sanken bei der Erneuerung der alten Mißbräuche und Privilegien. Die Noth des Staates wurde binnen drei Jahren so arg, daß man nicht einmal den Regimentern ihre Löhnung zahlen konnte; die Soldaten bettelten und stahlen, um nicht zu verhungern; von militärischer Disciplin war keine Rede mehr. Die bürgerliche Ordnung zerfiel. Wie im Kirchenstaate rief die Verarmung und Aufregung zahlreiche Räuberbanden in allen Provinzen in das Leben.

In ganz ähnlicher Richtung entwickelten sich in diesen Jahren die Zustände in Portugal, Neapel, Modena, dem Königreich Sardinien, also dem größten Theil von Italien. Allerdings nirgendwo in diesen Ländern war eine so brutale Niederträchtigkeit am Ruder wie unter dem spanischen Ferdinand. Aber in Portugal, Modena, Sardinien wurde gleich nach dem Abzug der Franzosen der ganze alte Zustand, und mit ihm die jede andere Regierung erdrückende Allgewalt des Klerus hergestellt. Man sah wieder gewaltige Kirchengüter, zahlreiche Klöster, jesuitische Lenkung der Regierung und des Unterrichts. In Portugal wie in Spanien ließ die Ausstattung der Kirchen der Regie-

rung kein Geld zur Löhnung der Soldaten übrig.
Mit Neapel brachte Consalvi 1818 ein Concordat zu
Stande, welches dem Könige das Recht der Ernennung der Bischöfe ließ, dafür die Ernannten völlig
unabhängig von der Krone, völlig unterthan unter
den Papst stellte, und alle Schulen des Landes unbedingt der geistlichen Hand überwies. Die Folge war
dieselbe wie in Rom und Spanien, eine tiefe Unbildung und Unwissenheit des Volkes. Noch 40 Jahre
später zählte man unter 3000 Gemeinden 1100 ohne
Schulen, und 900 mit Schulmeistern, die selbst nicht
lesen noch schreiben konnten.

Es war also bei solchen Verhältnissen kein Wun-
der, daß es 1820 zuerst in dem am ärgsten mißhan-
delten Spanien, und dann wie ein Lauffeuer nach
dessen Vorgang in Portugal, Neapel, Piemont zu ge-
waltsamer Empörung kam. Bei der tiefen Unbildung,
in welcher das klerikale System das Volk gehalten,
bei der Rachgier, welche der verfolgende Fanatismus
der kirchlichen Herrschaft entzündet hatte, nahm die
Bewegung gleich nach dem Siege einen wilden anar-
chischen Charakter an; jetzt verfolgten die triumphiren-
den Liberalen die Kirche, ohne im Staat eine

gedeihliche Ordnung herstellen zu können. Zwar in Italien schlug Oesterreich, welches dort unter kei= nen Umständen irgend welche Revolution dulden wollte, schon 1821 die neuen constitutionellen Einrichtungen mit Waffengewalt zu Boden. In Spanien aber er= hitzte der Kampf sich immer mehr; 1822 war es dahin gekommen, daß die radicale Partei den König beinahe gefangen hielt, die Inquisition wieder aufhob, Kirchen= und Klostergut einzog, während der meute= rische Pöbel in vielen Städten Priester und Mönche massacrirte. Dagegen sammelte im Norden der Erz= bischof von Tarragona fanatisirte Bauernhaufen als sogenannte Glaubensarmee, welche an hundert Punk= ten mit blutigem Angriff über die Liberalen herfiel, bald aber von dem tapfern General Mina mit raschen Schlägen schwer bedrängt wurde.

So war es sehr begreiflich, daß die französischen Klerikalen mit glühendem Eifer die Herstellung und Wiedereinsetzung ihrer Parteigenossen in der pyrenäi= schen Halbinsel betrieben. Da die Höfe des Festlan= des aus Haß gegen den Liberalismus und die Revo= lution sie unterstützten, da England nur in schlaffer Weise widersprach, so hielt sie nur ein einziger Um=

stand noch eine Weile zurück, die Bedenklichkeit ihres eignen Führers und Ministers, des Herrn von Villele. Dieser war ein gläubiger Katholik, aber vor Allem ein praktischer Staats- und Finanzmann. Er besorgte Kriegsgefahr, schwere Ausgaben, Unsicherheit der eignen Truppen, und wenn es dennoch gelänge, maaßlose Ueberhebung der eignen Partei. Aber die Kammermehrheit, der französische Episkopat, die Hitzköpfe seiner Genossen rissen ihn fort, Sommer 1823 überschritt der Herzog von Angouleme mit 100,000 Mann die spanische Grenze. Die klerikale Partei fiel ihnen zu, das spanische Heer war durch die revolutionäre Anarchie vollkommen zerrüttet, Ende September war Alles vorbei und das ganze Land dem absoluten König und der allmächtigen Kirche wieder unterworfen. Der König ernannte für eine Weile seinen Beichtvater Saez nicht zum Premier- sondern zum einzigen Minister. Ein unbeschränkter Despotismus legte sich über das Land; Inquisition, Polizei, die Banden der Glaubensarmee wirkten zusammen. Wer irgendwie mit der Revolution, mit den Cortes, mit der liberalen Partei in Verbindung gestanden, war geächtet. In allen Provinzen floß das Blut in Strö-

men, füllten sich die Kerker, wurde jede freie Regung
erstickt. Es war eine Schreckensherrschaft, ganz so
tyrannisch, so mörderisch und so habgierig, wie jene
von 1793 in Frankreich. Die Gesandten der Großmächte suchten zu mäßigen; Ferdinand hörte sie gar
nicht an.

Während dieser Triumphe, im December 1823,
starb Pius VII., im Januar 1824 Cardinal Consalvi. Die Zelanten setzten die Wahl della Genga's,
Leo XII., eines ihrer Eifrigsten durch, eines Mannes
von 62 Jahren, krank und gebrechlich, aber nur um
so hitziger, seine kurze Lebensspanne für die Beförderung der kirchlichen Macht zu verwerthen. Von nun
an verschwand aus der Haltung der Curie jede Spur
der Milde und der Vorsicht, durch welche Consalvi die
kirchlichen Interessen bleibend zu fördern gemeint
hatte. Mit energischem Fanatismus beantragte die
Curie jetzt die äußersten Maaßregeln selbst; nach
dem Siege ihrer Anhänger in Frankreich, Spanien,
Italien glaubte sie stark genug zu sein, um ohne
Rückhalt überall das letzte Wort ihrer Wünsche aus-
zusprechen. Im Kirchenstaate wurden alle Reform-
versuche Consalvi's beseitigt, alle Immunitäten des

Klerus hergestellt, keine weltlichen Lehrer mehr ge=
duldet, die Juden wieder in das Ghetto eingesperrt
und unter polizeiliche Aufsicht der Inquisition ge=
stellt. So eifrig katholisch sich die damalige österrei=
chische Regierung hielt, so wenig sie protestantische
oder freigläubige Regungen aufkommen ließ, so zeigte
der alte Papst ihr dennoch eine offen feindselige Gesinnung, weil der Kaiser nicht jeden Einfluß auf die
kirchlichen Behörden aus der Hand geben wollte. In
Madrid wirkte der päpstliche Nuntius nicht mehr
mäßigend wie unter Consalvi's Leitung, sondern im
Sinne der grausamsten Zeloten, der wildesten Unter=
drückung. In diesen Zeiten von 1824 bis 1829,
sagt der ehrwürdige P. Gams in seiner gelehrten Kir=
chengeschichte, erfreute sich die Kirche Spaniens der
schönsten und hoffnungsreichsten Blüthe. Allerdings,
müssen wir hinzuzusetzen, wurde die Energie ihrer
Entfaltung sogar dem König Ferdinand zu stark.
Im December 1823 hatte er den Minister=Beichtvater
Saez auf Andringen des russischen Gesandten ent=
lassen, und zuerst Ofalia, dann Zea=Bermudez und
Zambrana zu Ministern berufen, Alles scharfe Abso=
lutisten und gläubige Katholiken, die jedoch eine ge=

ordnete und gesetzliche Staatsverwaltung wünschten, wie sie im übrigen Europa der Brauch war, wo nicht jede von einem Mönche fanatisirte Pöbelbande die abscheu= lichen Liberalen nach Belieben todtschlagen durfte. Eine solche Richtung aber auf eine gewisse Selbst= ständigkeit der Staatsgewalt schien dem römischen Hofe und der klerikalen Partei abscheulich von Grund aus, und sie erklärten ganz offen, daß Ferdinand ein völlig unzuverläßiger Mensch sei, daß das Interesse der hl. Kirche dringend seine Absetzung und die Er= hebung seines ganz und gar gottseligen Bruders Don Carlos forderte. Obgleich dieser, ein unglaublich beschränkter aber ehrlicher und rechtschaffener Mensch, seinen Anhängern jede Empörung verbot, schritten die Klerikalen dennoch 1827 zu einem bewaffneten Auf= stande gegen Ferdinand, wurden aber niedergeworfen, und seitdem ihr Uebermuth, wenn auch für's Erste noch ohne wesentliche Aenderung des Systemes, ohne irgend einen Eingriff in die kirchlichen Verhältnisse erheblich gedämpft. Ebenso drastische Vorgänge er= lebte gleichzeitig Portugal. In dem kleinen Lande hatte Spaniens Beispiel zuerst 1820 eine Militär= revolte zu liberalen Zwecken veranlaßt. Der alte,

willensschwache aber ganz verständige und wohlwollende
König Johann VI. hatte seit 1808 in Brasilien resi=
dirt, auf die Nachricht aber von der Lissaboner Revo=
lution die Regierung Brasiliens seinem ältesten Sohne
Don Pedro übertragen, und war mit seiner übrigen
Familie nach Portugal zurückgeeilt. Als die Fran=
zosen 1823 ihren Siegeslauf in Spanien begannen,
setzte sich des Königs zweiter Sohn Don Miguel, ein
Mann, der von jesuitischem Fanatismus erfüllt war,
sonst aber keine andere Bildung besaß, als er sie von
den Lakaien seines Vaters und den Stierjägern der
brasilianischen Pampas gelernt hatte, an der Spitze eini=
ger Regimenter und erhob den Ruf des absoluten
Königthums. Der Vater war zuerst sehr ärgerlich,
ließ es sich aber schließlich gefallen und die Versamm=
lung der Cortes ging ganz gelassen ohne einen Ver=
such des Widerstandes auseinander. Der alte König
war, sehr einsichtig, der Meinung, seine Macht in mä=
ßigem Sinne zu gebrauchen; der Infant aber, voll
der Begierde, eine klerikale Schreckensherrschaft nach
spanischem Muster einzuführen, versuchte offenen Auf=
stand gegen den Vater, unter dem Programme, König
und Volk vor dem Gifte der Freimaurerei zu er-

retten, scheiterte aber an der kräftigen Einmischung des englischen Gesandten und der englischen Kriegs= schiffe im Tajo, so daß er das Land verlassen mußte, und in Wien von allen Absolutisten und Klerikalen Europa's hoch gefeiert wurde. Als dann 1826 der Vater starb und die portugiesische Krone an Don Pedro überging, trat dieser, um in Brasilien zu bleiben, sein Erbrecht an seine Tochter Donna Maria ab, mit der Bestimmung, daß sie ihren Oheim Don Miguel heirathen, und beide dann nach einer von Don Pedro sofort publicirten Verfassung regieren sollten. Es fuhren demnach Don Miguel von Wien, Donna Maria von Rio aus nach Lissabon; natürlich kam Don Miguel früher an, schwor 1828 zuerst den Eid für Donna Maria und auf die Verfassung, wurde dort als Regent anerkannt, und warf dann sofort die Verfassung um und ließ sich allein als absoluter König ausrufen. Der Papst sprach ihm Glückwunsch und Segen, und schickte ihm eine Anzahl Jesuiten als einsichtige Rathgeber bei seiner Regierung, welche dort ganz und gar nach dem Sinn und Muster der spa= nischen Zeloten geführt wurde, mit herrschendem Ein= fluß der Prälaten, mit reicher Beschenkung der Kirchen,

mit tyrannischer Unterdrückung jeder abweichenden Regung. Nach dreijähriger Dauer seiner Herrschaft waren
wegen politisch-kirchlicher Vergehn 1600 Personen de-
portirt, 13000 ausgewandert, 5000 im Lande versteckt,
26000 gefangen (auf eine Bevölkerung von kaum 3½
Millionen).

In Frankreich brachte der siegreiche Zug durch
ganz Spanien der Regierung weder Kriegsruhm noch
diplomatischen Machtgewinn: das Heer hatte keine
Schlachten zu schlagen gehabt, der französische Gesandte hatte nach dem Siege nicht den mindesten Einfluß
bei König Ferdinand. Wohl aber trat die von Villele
gleich anfangs befürchtete Folge ein: der Uebermuth
der französischen Klerikalen stieg unermeßlich und wurde
von Rom aus zu immer schärferem Vorgehn ange-
stachelt. Vollends als 1824 Ludwig XVIII. starb
und Artois als Carl X. den Thron bestieg, kannte
die Herrschbegier der Partei keine Grenzen mehr. Alle
Forderungen von 1815 wurden wieder hervorgesucht,
Herstellung der alten Adelsrechte, Auflösung der cen-
tralisirten Verwaltung, reichere Dotirung der kirchlichen Behörden, Unabhängigkeit der Bischöfe von der
Staatsgewalt, Freiheit für die Gründung von Klöstern

und Schenkungen an die todte Hand, Ueberantwortung
des Unterrichts an den Klerus, Unterdrückung aller
ketzerischen Richtungen, Todesstrafe für Entweihung
einer Kirche, Führung der Civilstandsregister durch
die Geistlichen, Ueberlieferung aller Aemter an streng
kirchliche Katholiken. Villele that, was er konnte, die
Partei zu befriedigen, ohne gar zu arg mit der
Gesinnung des modernen Frankreich zusammenzu=
stoßen. Aber die Klerikalen waren nicht zu sättigen.
Es ging Villele wie Ferdinand VII. Weil er sich
nicht völlig blind der geistlichen Herrschaft unterwarf,
wurde er bald von den Eifrigsten als gesinnungslos
angegriffen, erlebte die heftigsten Stürme in der Kam=
mer, wurde allmählich als ein lauer Mensch auch dem
Könige verdächtig. Indessen dehnten sich trotz po=
sitiven Verbotes in der bestehenden Gesetzgebung die
Jesuiten in zahlreichen Niederlassungen aus, hatten
ihre weltlichen Affiliirten in allen Ministerien, an
allen einflußreichen Stellen, begannen colossale Reich=
thümer anzusammeln. Die Bischöfe verkündeten in
öffentlichen Hirtenbriefen, daß das bestehende franzö=
sische Recht mit den göttlichen Gesetzen nicht vereinbar
sei und abgeändert werden müsse.

Alle diese Wühlerei, welche mit der zusammen-
wirkenden Kraft des Staates und der Kirche das Land
in Unruhe versetzte, rief natürlich in allen liberalen
Kreisen eine wachsende Erbitterung hervor, und da
die hitzigen Gruppen der klerikalen Partei fortfuhren,
am Hofe und bei den Gläubigen gegen Herrn von
Villele zu hetzen, so gaben Ende 1827 die Wahlen
der Opposition eine starke Mehrheit gegen das Ministerium. Carl X., von seiner göttlichen Mission durchdrungen, hätte am liebsten sogleich zur Gewalt gegriffen,
ließ sich aber bestimmen, noch eine Weile hinzuhalten
und ernannte das gemäßigte Ministerium Martignac,
royalistisch, aber nicht klerikal. Jetzt wurden die Jesuiten ausgewiesen; einige Bischöfe protestirten, der
Papst selbst ermahnte sie aber zur Ruhe, damit dem
völlig zuverlässigen Könige keine Verlegenheit bereitet
würde. Weniger klug und umsichtig war auch dieses
Mal die liberale Partei. Anstatt Martignac auf alle
Weise zu stärken und die liberale Tendenz desselben
sich ruhig fortentwickeln zu lassen, drängten sie ihn
mit radicaler Principienreiterei, und ließen Juli 1829
seine wichtigsten Gesetzentwürfe, die große Fortschritte
enthielten, als halbe und ungenügende Maaßregeln

durchfallen. Der König jubelte in seinem Herzen; er meinte jetzt dem Lande bewiesen zu haben, daß mit gelinder Haltung die revolutionäre Wühlerei nicht zu beschwichtigen sei, und berief im August 1829 das völlig klerikale Ministerium Polignac. Das Land war sofort der Ueberzeugung, daß dies die Ankündigung des Staatsstreiches, des Verfassungssturzes bedeute, um dann mit absoluter Gewalt das klerikale System durch= zusetzen. Der König selbst wußte es und wollte es nicht anders. Als die Kammermehrheit in ihrer Opposition beharrte, war sein Entschluß fertig. Ich will nicht, sagte er, mich geduldig wie Ludwig XVI. auf das Blutgerüst schleppen lassen, ich will zu Pferde steigen und die Revolution bekämpfen. Der russische und preußische Gesandte warnten; Wellington aber lobte und billigte, er meinte, nur durch die.Macht der Kirche lasse sich die Macht der Revolution besiegen, eine Auffassung, die bei ihm um so verwunderlicher war, als der in Frankreich so überlegitimistische Klerus damals in Irland eine starke demokratische, halb re= volutionäre Agitation unterhielt, um den Katholiken in Großbritannien die Wählbarkeit zum Parlamente zu verschaffen. Es zeigte sich wieder, daß der klerikalen Partei jede Art von Politik genehm ist, wenn sie irgendwie den Zwecken der Hierarchie dient. Polignac hielt übrigens seine Pläne längere Zeit tief verborgen und war auch selbst Monate lang zu keinem Entschlusse zu bringen. Außer dem Dauphin und den Ministern war damals nur noch Einer im Geheimniß der Entwürfe, der päpstliche Nuntius Lambruschini, der mit höchstem Eifer den König vorwärts drängte In Rom herrschte seit Februar 1829 Pius VIII. (Castiglione), von Natur eine gutmüthige freundliche Seele, aber ohne alle Kenntniß der Welt und der Politik, ein frommer und eifriger Jesuitenzögling, der nach seiner persönlichen Natur eigentlich friedliebend war, aber aus bester Ueberzeugung es für das Werk der höchsten Menschenliebe und reinsten Rechtschaffenheit hielt, die heilige Sache der Kirche mit allen Mitteln, auch den allerbedenklichsten, zu fördern. Seine erste That war eine donnernde Encyclika gegen alle Ketzer, Freidenker und Toleranzmänner; dann kam ein Edict für den Kirchenstaat, worin allen Einwohnern bei Strafe der großen Excommunication befohlen wurde, allmonatlich jeden Fall oder Verdacht der Ketzerei der Inquisition anzuzeigen — die Folge war ein entsetzliches Aufblühen der geheimen Denunciation, eine bodenlose Zerrüttung aller Familien= und geselligen Verhältnisse. Damals brachte Wellington in das eng= lische Parlament das Gesetz über die Wählbarkeit der Katholiken; um nachzuweisen, daß dasselbe weder für den Staat noch für die anglikanische Kirche gefährlich sei, bezog er sich auf eine officielle Erklärung aller katholischen Bischöfe in Irland, die katholische Kirche behaupte n i ch t, daß der Papst einen König absetzen, sie behaupte n i ch t, daß ein katholischer Unterthan einem vom Papste abgesetzten Könige nicht länger ge= horchen dürfe, sie behaupte n i ch t, daß der Papst in Glaubenssachen unfehlbar sei. Pius VIII., der alle= diese Sätze für unbestreitbar, und die entgegengesetzte Erklärung der irischen Bischöfe für eine arge Ketzerei hielt, hüllte sich dieses Mal in vorsichtiges Schweigen, damit nur das erwünschte Gesetz keine Schwierigkeit fände. Bei einer solchen Gesinnung konnte er natür= lich auch kein Bedenken gegen ein so gottseliges Werk wie die Vernichtung des französischen Liberalismus haben, selbst wenn ein kleiner Rechtsbruch und Ver= fassungsbruch dabei mit unterliefe. Bei der andäch= tigen Hingebung Carl X. würde ein Wink des Papstes

ihn zurückgehalten haben: aber das Gegentheil erfolgte,
der Nuntius gehörte mit zu den Urhebern der königlichen
Ordonnanzen, welche am 26. Juli 1830 Frankreich
verkündeten, daß es ein neues Wahlgesetz erhalten und
die Preßfreiheit verloren habe.

Wenn dies gelang, wenn Carl X. seine Absichten
durchsetzte, so war Frankreich ein sicherer Besitz für
das klerikale System. Dann verstand es sich von
selbst, daß die französische Macht als sein Werkzeug
auf alle Nachbarlande zurückwirkte; man meinte sehr
bestimmte Aussichten in Belgien und am Rheine zu
haben; in Spanien wäre dann der Sieg des Don
Carlos, in Portugal die Herrschaft Don Miguels
gesichert gewesen; Rom, in dessen Händen die leitenden
Fäden aller dieser Regierungen zusammengelaufen wä=
ren, hätte dann nach allen Seiten seine herrschenden
Gebote über Europa gelegt.

Fragen wir im Rückblick auf die bisher beobach=
tete Entwicklung noch einmal: was war es, um das
es sich bei den klerikalen Bestrebungen handelte: Re=
ligionsfreiheit oder Weltmacht? Schwerlich wird die
Antwort zweifelhaft sein. Es war nicht die Sorge
um die katholische Religion, welche die spanischen Kle=

rikalen zum Kampfe gegen die Verfassung von 1812 aufstachelte, die Verfassung, welche jedes andere Bekenntniß als das katholische in Spanien verbot. Es war nicht Sorge um die Religion, welche in Spanien den Bruder gegen den Bruder aufstellen wollte, in Portugal den Sohn zur Empörung gegen den Vater, den Oheim zum Eidbruch gegen die Nichte trieb, welche in Frankreich die katholischen Minister befeindete, den frommen König zum Staatsstreich drängte, und in Italien 90 Procent der Bevölkerung ohne die dürftigste Elementarkenntniß ließ. Nirgendwo war dort die Freiheit in Frage, zu Gott dem Herrn auf katholische Weise zu beten: um was es sich handelte, war die Macht des Klerus, und allein die Macht.

Aber so glänzend im Juli 1830 seine Aussichten standen, damals war diesen Hoffnungen eine jähe Unterbrechung bestimmt. Ein plötzlicher Donnerschlag zerriß das weltumspannende Gewebe. Auf die Ordonnanzen antwortete Frankreich mit der Julirevolution. An die Stelle des andächtigen König Carl trat der durchaus rationalistische und bürgerliche Ludwig Philippe, und was vorher die Klerikalen für sich gehofft, erlebten jetzt ihre Gegner. Frankreich gab das Signal zu einem weiten Aufschwung der siegenden Gesinnung in halb Europa. Don Carlos verlor das spanische Erbe, Don Miguel wurde aus Portugal vertrieben, in der Schweiz kam eine radikale, entschieden anti= hierarchische Partei an das Ruder, die Niederwerfung der polnischen Revolution brachte der katholischen Kirche jener Lande die schwerste Bedrängniß, im Kirchen= staate selbst erhob sich drohend der Ruf nach Besei= tigung der Priesterherrschaft. Alle Machtpläne der Klerikalen kamen in gründliches Stocken. Die einzige lichte Stelle in dieser Nacht der Trübsal bot der rö= mischen Curie damals die belgische Revolution, wo es den Brüsseler Klerikalen gelang, im augenblicklichen Bündniß mit dem Liberalismus die nationale Anti= pathie gegen Holland auszubeuten und Belgien unab= hängig von dem oranischen König unter immer wach= senden klerikalen Einfluß zu stellen.

III.

Nachdem das brausende Unwetter der Julirevolution und ihrer Ausläufer abgerauscht war, finden wir sehr bald die klerikale Thätigkeit in alter Weise am Werke, die erlittenen Verluste wieder gut zu machen, die zerstörten Canäle herzustellen, allmählich von den früheren Positionen wieder Besitz zu nehmen. Ende 1830 folgte auf Pius VIII. Papst Gregor XVI., ein Calmaldulensermönch aus dem Venetianischen, ein gelehrter Theologe und Orientalist, voll von Selbstbewußtsein und Thätigkeitsdrang, im privaten Verkehr, trotz der Häßlichkeit seiner wulstigen Lippen und seinem Fistelgeschwür an der Nasenspitze, vergnüglich und leutselig, bei einem Glase Wein stets zu gemüthlichen Späßen aufgelegt — aber seit 30 Jahren war er unermüdlicher Vorkämpfer der päpstlichen Machtvollkommenheit und Unfehlbarkeit gewesen, und fest entschlossen, dieselbe in seinem Pontificate trotz aller Tücken der argen Welt zur allseitigen Geltung zu bringen.

In diesem Sinne verfuhr seine Verwaltung nach In-
nen wie nach Außen. Im Kirchenstaate weigerte er
jede weltliche Reform, wie nachdrücklich ihn auch die
fünf Großmächte dazu ermahnten, um bei dem lei-
benden und gährenden Volke einige Beruhigung her-
vorzubringen. In Frankreich faßte allmählich der
größere Theil des Episcopates wieder Muth zur klerikalen Agitation, kündigte den gesetzlichen Aufsichtsrechten
des Staates den Gehorsam auf, setzte gemeinsam der
Regierung einen zähen passiven Widerstand entgegen.
Noch immer war jede Niederlassung des Jesuitenordens
in Frankreich verboten; trotzdem aber nisteten die Pa-
tres sich mit solchem Erfolge ein, daß eine amtliche
Untersuchung im Jahre 1845 den Werth ihres Grundbesitzes auf 2 Millionen Franken, und ihre sonstigen
Jahreseinnahmen auf nahe ½ Million schätzte. Auf
einen Antrag von Thiers forderte damals die Kammer
die Regierung auf, die Gesetze zu handhaben, d. h. die
Jesuiten auszuweisen. Der Minister Guizot, der, obwohl Protestant, die Klerikalen begünstigte, versuchte
eine Unterhandlung mit Rom. Da war es charakteristisch für den dortigen Zustand, daß der Papst erklärte, er könne die Jesuiten aus Frankreich nicht

abberufen, der Gesandte sich darauf an den Jesuiten-general wenden mußte, und dieser es dann für ange-messen hielt, seinen Vätern wenigstens das öffentliche Auftreten in Frankreich zu untersagen.

Größere Fortschritte aber wurden unter Gregor XVI dem klerikalen System in Deutschland zu Theil, und wurden ihm von den Regierungen selbst entgegen-getragen.

Zunächst in Baiern unter König Ludwig I. Der eigenwillige, anfangs aber liberal auftretende Fürst war durch die Julirevolution in hohem Maaße er-schreckt worden, und fiel in die Vorstellung zurück, daß nur die Kirche stark genug sei, die Throne gegen die Revolution zu schützen. Ohne gerade die baieri-schen Gesetze zu ändern, gab er demnach den Bischöfen größeren Einfluß auf den Unterricht, berief klerikale Professoren an die Universitäten, und ließ in der Presse und der Literatur der ultramontanen Thätigkeit freien Lauf. Noch wichtiger für die Curie wurde etwas später die Entwicklung der Dinge in Preußen. Zwar die Regierung Friedrich Wilhelm III. behauptete die seit 1820 eingenommene Stellung. Lange Jahre blieb unter der oben geschilderten Gesetzgebung der kirchliche und confessionelle Friede ungestört; nur in einer Frage zeigte sich eine Differenz, nämlich in Betreff der Kindererziehung bei gemischten Ehen, wo bekanntlich das kanonische Recht in jedem Falle katholische Erziehung aller Kinder fordert, das Staatsgesetz aber, nach den Grundsätzen der Religionsfreiheit und der Parität, den Eltern die Entscheidung anheim gab und in deren Ermanglung die Kinder der Religion des Vaters überwies. Viele katholische Pfarrer weigerten die Trauung oder die Aussegnung der Wöchnerin, wo nicht die katholische Kindererziehung verheißen war; die Regierung veranlaßte die Bischöfe 1828 zu einer Unterhandlung mit Rom. Am 25. März 1830 erließ darauf Papst Pius VIII. ein vermittelndes Breve, welches die Pfarrer anwies, die katholische Braut kräftig von einer Ehe abzumahnen, bei der, wie der Papst sich ausdrückte, sie wisse, daß die Religion der Kinder in die Willkür des Mannes gestellt sei; wenn sie leider dennoch fest bleibe, möchte der Pfarrer bei der Trauung passive Assistenz leisten. Die Bräute und die Regierung wünschten aber mehr, und als von Gregor XVI. nichts Weiteres zu erlangen war, entschloß sich Erzbischof Spiegel mit seinen Suffraganen 1834 zu einer Instruction, welche das Breve in dem mildesten Sinne interpretirte, und den Pfarrern auch die active Trauung überall da befahl, wo die Braut nicht ausdrücklich wisse, daß die Kinder protestantisch werden sollten. Es waren beinahe wörtlich die Worte des Breve, aber allerdings der ursprüngliche Sinn war mit einer leichten Stylwendung nicht unerheblich verändert. Indessen man hoffte auf die bekannte Weise der Curie, nachdem sie die eignen Grundsätze gewahrt, dann in der Praxis gefällig zu sein und ein Auge zuzubrücken.

Unglücklicher Weise starb Spiegel 1835, und sein Tod wurde das Signal für alle klerikalen Eiferer in Rom, Belgien, München. Ganz plötzlich verkündete der Papst die Verdammung der Hermes'schen Philosophie, zu der sich fast alle Bonner Theologen bekannten; die klerikalen Zeitungen arbeiteten mit Macht; im Stillen hetzte Fürst Metternich, damals auf Preußen eifersüchtig wegen des Zollvereins, die päpstliche Curie zu kräftigem Vorgehn. Da wurde die Welt durch die Kunde überrascht, daß Preußen selbst in Cöln den klerikalsten und eifrigsten aller Prälaten, den Herrn von Droste-Vischering zum Nachfolger

Spiegel's vorschlage. Cardinal Lambruschini selbst
sagte dem preußischen Gesandten auf die Nachricht:
ist Ihre Regierung toll geworden? Es war der Ein=
fluß des damaligen Kronprinzen, der aus Bewunde=
rung für Droste's asketische Frömmigkeit jede andere
Rücksicht auf die Seite geschoben hatte. Man sollte
bald genug erfahren, in wie weit eine Frömmigkeit
dieser Qualität die gewöhnliche bürgerliche Recht=
schaffenheit und Zuverlässigkeit verbürgt. Der Mi=
nister Altenstein, welcher den Mann kannte, hatte ihn
vor der Wahl wenigstens gefragt, ob er versprechen
wolle, sich an die gemäß Breve und Instruction
eingerichtete Praxis zu halten, und darauf eine unbe=
dingte Bejahung in salbungsvollen Worten erhalten.
Kaum aber war er demnach Bischof geworden, so zer=
riß er die Instruction, und verbot jede Trauung, wo
nicht das Versprechen katholischer Kindererziehung vor=
liege. Als man ihn an sein Versprechen erinnerte,
sagte er, daß er gemäß dem Breve und der Instruc=
tion handele, wo er sie übereinstimmend finde, aber
gemäß dem Breve allein, wo sie von einander ab=
wichen. Es war eine Interpretation des gegebenen
Wortes, ganz von demselben Schlage, wie vorher

Spiegel's Interpretation des päpstlichen Breves, so daß
der ganze Handel ein vollkommen würdiges Seiten=
stück zu der baierischen Schachpartie zwischen Rechberg
und Consalvi bildete, freilich mit dem wesentlichen Un=
terschiede, daß 1818 die Curie, 1837 aber die preu=
ßische Regierung der geprellte Theil war. Das Lüt=
ticher Journal klatschte öffentlichen Beifall, der ehr=
würdige Erzbischof habe die Regierung getäuscht und
in ihren eigenen Netzen gefangen. Der Minister Ro=
chow machte einen Versuch, den Prälaten freundlicher
zu stimmen; Droste aber erklärte rund heraus, daß
er die bestehende Gesetzgebung in kirchlichen Dingen
überhaupt nicht weiter anerkenne, da der Staat in
keiner Weise ein Recht habe, in kirchlichen Dingen mit=
zureden. Darauf wurde er aufgefordert, das durch
ein gebrochenes Versprechen erschlichene Amt niederzu=
legen, und als er dies weigerte, verhaftet, und nach
der Festung Minden abgeführt. Aus ähnlichen Grün=
den erlitt sein Posener College Dunin ein ähnliches
Schicksal.

In der Hauptsache hatte die Regierung zweifel=
los Recht. Kein Staat der Welt kann es dulden,
daß ein Unterthan den bestehenden, unbestrittenen Ge=

setzen plötzlich den Gehorsam auftündigt. Aber ent=
setzlich viel wurde durch das stumpfe Ungeschick der
Ausführung verdorben. Vor Allem zürnten auch die
Liberalen über die Freiheitsberaubung ohne voraus=
gegangenes klares Gesetz, ohne nachfolgendes richter=
liches Verfahren. Man sah deshalb in der Haft der
Erzbischöfe eine Art willkürlicher absolutistischer Ca=
binetsjustiz. Indessen trotz alles Lärmens kam es zu
keiner Auflehnung. Der Breslauer Fürstbischof, das
Cölner Domcapitel waren für die Regierung. Ohne
Zweifel hätte diese ihre Absichten durchgesetzt.

Da trat 1840 der Tod des alten Königs ein,
und mit der Thronbesteigung Friedrich Wilhelm's IV.
begann eine neue Zeit für Staat und Kirche in Preu=
ßen. Niemals in unserem Jahrhundert, hat Bischof
Ketteler gesagt, hat sich ein Fürst größere Verdienste
um die Kirche erworben als dieser protestantische
König. Er war geistreich und vielseitig gebildet,
durchaus von ästhetischen, idealen, romantischen An=
schauungen erfüllt, von tiefem Respect vor jeder kirch=
lichen Einrichtung und jeder religiösen Ueberzeugung
durchdrungen. Jede Einmischung einer rohen welt=
lichen Gewalt in diese heiligen und geweihten Kreise

war ihm widerwärtig im tiefsten Herzen. Ich dürfte nach dem Augenblick, sagte er, in dem ich mein bischöfliches Amt über die evangelische Kirche niederlegen kann. Er war in demselben Sinne bereit, der katholischen Kirche die begehrte Freiheit zu verstatten, überzeugt, daß die Freiheit einer christlichen Kirche einem christlichen Staate nur Segen bringen könne. Eine seiner ersten Regierungshandlungen war die Absendung des katholischen Grafen Brühl nach Rom, um den Frieden mit der Curie herzustellen. Noch ehe dieser etwas erreicht hatte, schaffte der König das placetum regium ab und gab die Correspondenz der Bischöfe mit Rom frei. In der Cölner Streitsache war er zufrieden, als der Papst an Droste's Stelle den Herrn v. Geissel setzte, und verzichtete auf alle Forderungen in der Sache. Aus freiem Antrieb beschränkte er die Rechte der Krone bei Bischofswahlen, und fuhr fort, im einzelnen Falle die eifrigst klerikalen Candidaten zu begünstigen und selbst zu empfehlen. Wenn es in Preußen freilich nicht wohl anging, die Ketzerei wie in Spanien und Rom mit Tod oder Gefängniß zu bestrafen, so wurden doch die Bischöfe bei der Verfolgung der sogenannten Deutschkatholiken 1844 mit allen Mitteln der polizeilichen Chicane unterstützt. Am Besten schien es natürlich, das Entstehn jeder Ketzerei im Voraus zu verhüten, und deshalb wurde die Schule vollständig den Kirchenbehörden unterworfen. Durch Ministerialverfügung wurde jetzt festgestellt, daß jeder Pfarrer der ' geborene Schulpfleger seines Bezirkes sein, daß die Gymnasien nach den Confessionen gesondert und an jedem nur Lehrer der einen Confession angestellt werden sollten. In dem Cultusministerium wurde für die katholischen Kirchen- und Schulsachen eine besondere katholische Abtheilung gebildet, deren Räthe den Auftrag hatten, die Rechte des Staates gegenüber den Kirchenbehörden wahrzunehmen, die aber bald genug sich lediglich als Vertreter der kirchlichen Interessen innerhalb der Staatsregierung gerirten. So erreichte die römische Kirche hier ohne eigne Anstrengung Alles, was sie in dem katholischen Baiern und Oesterreich bisher vergeblich angestrebt hatte. Die Erziehung der Jugend und des Klerus lag vollständig in ihrer Hand; hier wuchs die Generation auf, die heute auf Commando der Pfarrer in geschlossenen Gliedern zur Wahlurne zieht.

In dieser Lage der Dinge wurde die Curie wie
ganz Europa durch das Ereigniß überrascht, welches
der Ausgangspunkt für die heutigen Zustände werden
sollte, die Pariser Februarrevolution von 1848 und
die daraus entspringenden Bewegungen in Deutsch=
land, Oesterreich und Italien.

Anfangs schien davon das Papstthum selbst auf
das Schwerste bedroht. Kurz zuvor hatte Pius IX.
den päpstlichen Thron bestiegen, und zu aller Welt
Erstaunen seine Regierung mit liberalen und nationalen Maaßregeln begonnen. Schon seit langer Zeit
war die römische Curie mit Oesterreich nur scheinbar
auf gutem Fuße; Oesterreichs Bataillone schützten den
Kirchenstaat vor inneren Umwälzungen, dafür aber
schaltete auch des Kaisers Wille mächtiger durch Italien als der Curie erwünscht war. So ging Pius
auf einen damals in Italien weit verbreiteten Gedanken ein, mit den Kräften aller italienischen Staaten das Land von der österreichischen Herrschaft zu
befreien und dann die Halbinsel zu einem Staaten=
bunde unter Vorsitz des Papstes zu machen. Dafür
war es dann allerdings erforderlich, den volksthüm-
lichen Wünschen einiger Maaßen Rechnung zu tragen,

um wie einst im 12. Jahrhundert Papst Innocenz III.
das italienische Nationalgefühl zum Verbündeten zu
gewinnen. In diese Entwürfe schlug nun 1848 die
demokratische Revolution hinein, mit gleichem Grimme
gegen die Curie, wie gegen Oesterreich. Der päpst=
liche Reformminister wurde ermordet, in Rom die
Republik verkündet und der Papst zur Flucht nach
Gaëta gezwungen. Seitdem hatte Pius die Lust an
Reformen und nationalen Freiheitsbestrebungen voll=
ständig verloren; die Zelanten und Jesuiten über=
zeugten ihn gründlich, daß das klerikale System mit
jeder Spur von Liberalismus und Nationalitätsprinzip
ein für alle Male unverträglich sei.

Zunächst brachte ihm die Wendung der französi=
schen Angelegenheiten die Rettung und Herstellung.
Aus den innern Kämpfen der Republik stieg das Prä=
sidium Louis Napoleon's hervor. Der Prinz wünschte
das Kaiserthum zu erneuern, und dafür die Unter=
stützung der starken klerikalen Partei in Frankreich.
Um sie zu gewinnen, stürzte er durch ein französisches
Armeecorps die Republik in Rom, und unter dem
Schutze der französischen Bajonette konnte Pius wie=
der als absoluter Herrscher in den Vatican einziehn.

In Frankreich selbst fuhr das Kaiserthum fort, sich den kirchlichen Ansprüchen gefällig zu zeigen, wie es Louis Philippe niemals gethan. Die lästigen Gesetze des ersten Napoleon kamen nicht mehr zur Anwendung, der Einfluß des Klerus wuchs mit jedem Jahre.

Noch reichere Früchte aber trug die Revolution dem klerikalen Systeme in Deutschland und Oesterreich. Das absolute Königthum hatte es in Preußen zu Stande gebracht, alle liberalen Elemente ebenso gegen seine Kirchenpolitik wie gegen seine weltliche Verwaltung in Harnisch zu bringen. Nachdem es 1837 die beiden Erzbischöfe ohne Gesetz noch Gericht ihrer persönlichen Freiheit beraubt, hatte es seit 1840 der herrschenden Orthodoxie beider Kirchen seinen starken Arm geliehen, um Philosophen und Kritiker, Lichtfreunde und Deutschkatholiken nieder zu halten. Alle gesinnungstüchtigen Liberalen waren damals überzeugt, der individuellen Freiheit einen unermeßlichen Dienst zu leisten, wenn sie jede Einwirkung des Staates auf die kirchlichen Verhältnisse beseitigten. So decretirte das Frankfurter Parlament und nach seinem Beispiel der preußische Landtag in den Grundrechten der Deutschen und der Preußen, nicht bloß die Freiheit des persönlichen Religionsbekenntnisses, sondern den berühmten Satz: die bestehenden Kirchen verwalten ihre innern Angelegenheiten selbstständig. Sie dachten gar nicht daran, daß sie damit die Selbst= ständigkeit, nicht des persönlichen Gewissens, sondern die Entfesselung einer Weltmacht verkündeten, deren erstes und letztes Wort die Vertilgung der persönlichen Religionsfreiheit ist, einer Macht, die damals seit 30 Jahren allen Regierungen Europas Schach geboten und in Frankreich und Italien, in Spanien und Portugal einen Krieg auf Leben und Tod gegen den Liberalismus geführt hatte. Wer dieser Macht sich nicht unterwerfen will, bedarf, wie sich versteht, vor Allem eines ihr überlegenen geistigen Grundsatzes, denn es ist eine geistige Macht, die er bekämpft, und die allein mit materiellen Waffen nicht zu besiegen ist. Aber diese Macht ist seit Jahrhunderten nicht bloß geistig, sie ist nicht bloß eine Lehre geblieben, die durch die überzeugende Kraft der Gründe und der Wahrheit wirken will. Seit Jahrhunderten hat sie sich äußerlich organisirt und mit allen Mitteln der Herrschaft gerüstet. Sie will ihre Gegner nicht wider= legen, sondern vertilgen. Sie beruft sich nicht auf

die selbstständige Ueberzeugung, sondern sie rottet dieselbe aus, so weit sie es kann. Sie ermahnt ihre
Anhänger nicht, Alles zu prüfen und das Beste zu
behalten, sondern sie verbietet der Masse derselben
das Lesen jeder liberalen Schrift und das Anhören
jeder liberalen Rede. Sie strebt vor Allem den Allein-
besitz der Schule zu ergreifen, um hier den Menschen
von der zartesten Kindheit an die Vorstellung von der
bedingungslosen Allgewalt der Kirche einzupflanzen,
die Vorstellung, daß der Staat den Ungehorsam vielleicht mit der Kleinigkeit von einigen Jahren Gefängniß,
die Kirche aber mit einigen Jahrhunderten Fegefeuer,
wenn nicht mit ewiger Höllenpein bestrafen kann.
Um mit einer so organisirten Macht überhaupt den
Kampf nur beginnen zu können, müssen die Anhänger
der Freiheit nicht bloß freien Geistes, sondern auch
sie müssen als Macht organisirt sein; sie müssen ebenfalls vereinigt, in geordneter Disciplin, unter fester
Führung kämpfen, und es gibt hiefür auf der Welt
keine andere Führung als die einer zugleich nationalen
und liberalen Staatsgewalt. Kein einzelner Mensch
ist stark genug, der erdrückenden Wucht der Priesterherrschaft zu widerstehn; dazu reicht nichts Anderes

aus, als die Gesammtkraft eines patriotischen Volkes, die von einer kräftigen und einsichtigen Staatsgewalt gelenkt wird. Niemals ist eine politische Partei in einen verderblichern Irrthum gerathen, als die liberale 1848 und 1850, in ihrem Wahne, die religiöse Freiheit zu erlangen durch die Selbstständigkeit der päpstlichen Weltmacht, durch die Absetzung des Staates auf kirchlichem Gebiet. Wer dabei im innersten Herzen frohlockte, waren Pius IX. und Friedrich Wilhelm IV. Jetzt war oder schien doch in Preußen Verfassungsgesetz, was bisher nur freiwillige Vergünstigung der Staatsbehörden gewesen. Wohl hatte die Volksvertretung in ihrer Mehrheit es für unzweifelhaft gehalten, daß die selbstständige Kirchenverwaltung deshalb noch nicht auf Souveränität Anspruch machen könnte, sondern daß sie sich innerhalb der Schranken der allgemeinen Staatsgesetze zu bewegen hätte, wie z. B. die ebenfalls garantirte Selbstständigkeit der bürgerlichen Gemeinde, wie die Freiheit der Wissenschaft und ihrer Lehre. Aber die Person, auf die es hier ankam, der König, war völlig bereit, den Bischöfen die weiteste Auslegung zu gestatten. Der Staat ließ alle Rechte über die Kirche fallen, die er von 1815 bis

1840 widerspruchslos gehandhabt hatte. Er erklärte
jetzt die Leitung der Volksschule durch den Klerus und
die Sonderung der Gymnasien nach dem Religions-
bekenntniß für ein festes Verfassungsrecht. Er verzichtete auf jede Mitwirkung bei Anstellung, Versetzung
und Absetzung der Pfarrer, so daß diese jetzt der Willkür des Bischofs ohne jede Rechtsregel Preis gegeben
blieben, in derselben Zeit, in welcher es als fester
Grundsatz anerkannt wurde, daß kein Staatsbeamter
ohne gesetzlichen Grund und geregeltes Verfahren seine
Stellung verlieren dürfe. Ferner verzichtete der Staat
auf jede Einsicht und Aufsicht bei den kirchlichen
Orden und Corporationen, und vor Allem die Jesuiten dehnten seitdem das Netz ihrer Verbindungen
durch ganz Norddeutschland aus. Endlich gab der
Staat jede Theilnahme an der Verwaltung des Kirchenvermögens aus der Hand; die von dem Bischof
ernannten und weiter durch Cooptation ergänzten
Kirchenvorstände waren dafür weder den Gemeinden
noch der Staatsbehörde, sondern einzig dem Bischofe
und dessen Rechnungskammer verantwortlich. Mit
einem Worte, so vollständig wurden alle Wünsche
Roms in Preußen erfüllt, daß mir vor etwa zehn

Jahren der berühmte englische Schriftsteller und Staats-
mann, Lord Houghton, erzählen konnte, er habe auf
seine Frage, wie die englische Regierung die katholische
Geistlichkeit in Irland befriedigen könnte, von dem
Cardinalstaatssecretär Antonelli die Antwort erhalten:
Das kann ich mit Einem Worte sagen, führen Sie
die preußischen Kirchengesetze ein.

Diese Dinge haben denn bei uns ein Menschenalter bestanden, und es verlohnt sich der Mühe nach
ihren Wirkungen zu fragen. Sind unter der Herrschaft dieses Systems die Menschen glücklicher, weiser,
tugendhafter geworden? Es ist unmöglich diese Frage
zu bejahen. Sieht man auf den Zustand der Kirche
selbst, so ist es allerdings unmöglich, dem allseitigen
Gehorsam und Zusammenschließen bei jedem Winke
der geistlichen Obern die Anerkennung zu versagen.
Aber dies Ergebniß ist theuer bezahlt; es ist erkauft
mit der Beseitigung jeder Rechtsform und Rechts-
sicherheit der untergebenen gegenüber der vorgesetzten
Behörde, wie dies noch neuerlich das völlig formlose,
dem Kirchenrecht schlechthin widersprechende Verfahren
der Bischöfe gegen altkatholische Pfründenbesitzer gezeigt
hat. Ebenso deutlich erscheint das Absterben wissenschaft-

licher Bildung in der theologischen Litteratur, und die heutigen Parteikämpfe werden in zahlreichen Fällen mit gemeiner Gewissenlosigkeit in der Anwendung der schlechtesten Mittel geführt. Durch die gepriesene Selbst-ständigkeit der Kirche haben die Vermögensinteressen der Pfarrgemeinden schwerlich gewonnen. Die Ab-hörung der Rechnungen, meist von einigen jüngern Geistlichen besorgt, verschleppt sich oft Jahre lang; die Anlage der Capitalien, nicht mehr von sachver-ständigen Behörden beaufsichtigt, hat in manchen Fällen schwere Verluste verursacht; eine vom Gewöhnlichen stark abweichende Verwaltungsweise ist es jedenfalls, wenn die Brandversicherung der Kirchen einer Diöcese nach der Höhe der Tantieme vergeben wird, welche die betreffenden Gesellschaften der bischöflichen Casse dafür zahlen. Was den sittlichen und geistigen Zu-stand der seit 1850 herangewachsenen Bevölkerung be-trifft, so weiß jedermann, daß die Ergebnisse der Ver-brecherstatistik seitdem nicht günstiger geworden sind. Ebenso würde es Staunen erregen, wenn Jemand be-haupten wollte, die große Masse des Volkes, die ar-beitende Classe, sei in der letzten Zeit fleißiger, spar-samer, pflichttreuer geworden. Niemand wird nun darauf verfallen, die hier erscheinenden Schäden ohne Weiteres als Folge des klerikalen Systems zu bezeichnen: sicher aber ist so viel, daß aus der Beseitigung der Staatsaufsicht die Kirche schlechterdings keine gesteigerte Kraft zur Bekämpfung dieser Uebel geschöpft hat, daß sie für diese Aufgabe durchaus nicht mehr leistet, als die dem Staatsgesetz gehorchende protestantische Geistlichkeit. Bestimmter lassen sich die Wirkungen des Systems auf dem Gebiete der geistigen Bildung bemessen: hier ist es zweifellos, daß die letzten dreißig Jahre einen entschiedenen Rückschritt gebracht haben, bei dem allerdings auch sonstige Ursachen mitwirken, neben denselben aber die geistlichen Einflüsse ganz unverkennbar sind. Hierher gehören die häufigen Klagen der Staatsbehörden, daß die geistlichen Schulpfleger das Streben solcher Eltern begünstigen, welche ihre Kinder vor Ablauf des schulpflichtigen Alters aus der Schule zurückziehen wollen. Schon lange eifert die klerikale Partei gegen die allgemeine Schulpflicht; sie sieht die Verletzung eines heiligen Freiheitsrechtes darin, daß der Staat den Vätern nicht erlaubt, ihre Kinder in völliger Unwissenheit aufwachsen zu lassen. Wie wenig von dieser Seite das Volk auf den Segen höherer Bildung aufmerksam gemacht wird, zeigt die schon früher erwähnte, stets gleichbleibende Thatsache, daß auf unsern Gymnasien und Realschulen die Zahl der katholischen Schüler im Vergleich zu den evangelischen kaum halb so groß ist, wie sie es nach dem Verhältniß der Bevölkerungs= zahlen sein müßte. Diese Ziffer allein reicht völlig aus, zu erklären, warum in der Besetzung der höhern Staatsämter ein entsprechendes Uebergewicht der Evan= gelischen Statt findet, und warum in fast allen rhei= nischen Städten die evangelische Bevölkerung reicher als die katholische ist: denn Bildung allein ist die Leiter des Emporsteigens und die Quelle des Reichthums. Auch die Leistungen der katholischen Gymnasien sind in der Rheinprovinz, mit wenigen rühmlichen Aus= nahmen traurig zurückgegangen. Ich kann es mit amtlicher Sicherheit, nach zwölfjähriger Erfahrung aussprechen, daß von den dorther uns gelieferten Stu= denten ein Viertel nicht grammatisch richtiges Deutsch schreiben, und vielleicht drei Viertel einen leichten grie= chischen oder lateinischen Schriftsteller nicht ohne Mühe lesen können. Sagt man zu viel, wenn man die Mei= nung ausspricht, daß wir zwar noch nicht in spanischen

Zuständen leben, daß aber das klerikale System Alles gethan hat, um uns auf solche Wege zu bringen?

Die so leicht gewonnene und so energisch wirkende Selbstständigkeit der preußischen Kirche war nun in Rom sehr gerne gesehn; wir bemerkten, wie Cardinal Antonelli die Aufführung Preußens belobte. Aber der klerikalen Partei stand ein weiterer Triumph bevor, der alle Verdienste Preußens in Schatten stellte.

Ich habe angeführt, wie wenig man in Rom mit dem österreichischen Hofe, trotz seiner katholischen Rechtgläubigkeit, zufrieden war. Längst galt in Oesterreich der Satz, daß der Kaiser das Land durch zwei Armeen zusammenhalte, die Weißröcke und die Schwarzröcke, die Soldaten und die Geistlichen. Darin lag, daß der Klerus das Volk beherrschte — und dies war sehr angenehm in Rom —, aber auch, daß er dem Kaiser Ordre pariren mußte — und dies erschien verdrießlich und allmählich unerträglich. In Folge der Revolution von 1848 kam nun auch in Oesterreich der alte Wahrspruch zu Ehren, daß nur die Kirche den Thron vor dem umwälzenden Dämon schützen könne. Nach der Niederwerfung der Aufstände wurde zuerst die Herrschaft des Klerus über das Volk er=

neuert; überall wirkten die Behörden im eifrigsten kirchlichen Sinne. Die Litteratur und die Presse wurde vor jeder Freidenkerei behütet; während sonst das Vereinsrecht völlig unterdrückt war, bedeckte sich das Land mit kirchlichen Congregationen und Bruderschaften, und kein Beamter kam vorwärts, der nicht Mitglied einer solchen war. In Tyrol durfte kein Protestant, in Galizien kein Jude Grundbesitz erwerben; die griechischen Popen in Illyrien verloren sehr erhebliche Rechte, den Jesuiten aber wurde eine große Anzahl von Gymnasien überliefert, nachdem der Minister Graf Thun darüber einen höchst charakteristischen Briefwechsel mit dem General der Gesellschaft geführt, und hier die Belehrung empfangen hatte, daß der Orden jede Staatsaufsicht über seine Studien ablehne, daß nur die lateinische, nicht aber die deutsche Sprache zum wissenschaftlichen Unterricht geeignet, und daß als lateinische Lesebücher die Kirchenväter den heidnischen Classikern bei Weitem vorzuziehen seien.

Dies Alles ging jedoch noch nicht erheblich über die vormärzlichen Zustände hinaus. Die Maßregelung der Ketzer und Ungläubigen war etwas schärfer und schneidiger geworden; die Regierung kam begeistert den Wünschen der Kirche entgegen. Aber sie that es aus Neigung, ohne bindende Verpflichtung; sie hatte ihrerseits immer noch die alten Gesetze, welche den Klerus von ihr in Abhängigkeit erhielten. Es er= übrigte also der letzte Schritt, die Kirche als souve= ränen Verbündeten, als Staat im Staate anzuerken= nen, und durch förmlichen Vertrag dem Klerus wich= tige Regierungsrechte zu überantworten, dem Staate aber jeden Einfluß auf die Kirche zu entziehn. In diesem Sinne benutzte 1853 Cardinal Rauscher ein Wundfieber des Kaisers nach dem Mordversuch Libeny's, um bei dem kranken Monarchen den Verzicht auf die Beherrschung des Klerus durch die Krone zu erwirken. Dies führte dann zu dem Concordate von 1855, dem massivsten Erfolge der klerikalen Partei in unserem Jahrhundert. Darin wurde ohne irgend eine Be= schränkung die vollständige Herrschaft des kanonischen Rechtes in Oesterreich anerkannt, eben des Rechtes, nach welchem der Papst jeden ihm ungehorsamen Mo= narchen abzusetzen, jedes ihm bedenklich erscheinende Landesgesetz aufzuheben befugt ist. Die Bischöfe er= hielten unbedingte Strafgewalt über den Pfarrklerus,

unbeschränkte Censur über Bücher und Zeitungen, umfassende Aufsicht über alle Zweige des Unterrichtswe-
sens. Das gesammte Kirchenvermögen, im Werthe
von 200 Millionen Gulden, bisher als Eigenthum
der Gemeinden unter staatlicher Verwaltung, wurde
den Bischöfen zur Verfügung gestellt. Auch hier, sehn
wir, strebte man nicht bloß nach Religionsfreiheit und
ungestörtem Gottesdienst; auch hier handelte es sich
nicht weniger um Reichthum und Macht. In mate-
rieller wie in geistiger Beziehung war Alles geschehn,
um die Kirche zu erhöhen und den Staat unter das
milde Joch derselben zu beugen.

Nach solchen Fortschritten in Frankreich, Deutschland, Oesterreich, bei starken klerikalen Regungen in
Spanien, bei raschem Wachsthum der katholischen Bisthümer und Klöster in England und Nordamerika
begreift es sich, daß man in Rom allmählich die Zeit
gekommen erachtete, um mit dem vollen Umfang der
Ansprüche, mit der offenen Erneuerung aller mittelalterlichen Herrscherrechte hervorzutreten. Verdrießlich
und bedrohlich unterbrach allerdings für den Augenblick diesen Siegeslauf Napoleon's italienischer Krieg
von 1859, mit der daran sich anknüpfenden Erhebung

des italienischen Volkes und der Abreißung des halben
Kirchenstaats. Indessen schließlich meinte troß mehr-
facher Schwankungen Napoleon's, die Cürie durch die
klerikale Partei in Frankreich hinlänglich gedeckt zu
sein, und so erfolgte December 1864 die Bekanntmachung des berühmten Rundschreibens mit der Liste
von 80 keßerischen Säßen, mit der Verdammung der
Glaubensfreiheit und der Preßfreiheit, mit der Ver-
werfung der Ansicht, daß die Kirche keine Körperstrafen
gegen die Keßer anwenden dürfe, mit der Verfluchung
des Saßes, daß die ältern Päpste jemals ihre Rechte
gegenüber den Fürsten mißbraucht hätten. Diese Be-
hauptung für sich allein war ausreichend, den Anspruch
auf Weltherrschaft unverkennbar zu machen. Wenn
die ältern Päpste niemals ihre Rechte mißbraucht
hatten, so war auch Pius IX. berechtigt, bei erster
Gelegenheit zu handeln, wie z. B. Gregor IX. und
Innocenz IV., welche den deutschen Kaiser Friedrich II.
gebannt und abgeseßt hatten, nicht wegen religiöser Vergehn, sondern wegen Verzögerung eines dem Papste ver-
heißenen Kriegs und wegen Streitigkeiten um den Besiß
italienischer Provinzen. Der Leichtsinn oder die Un-
kenntniß, womit die Staatsgewalten Europas diese

unumwunbene Erklärung der päpstlichen Oberhoheit unbeachtet ließen, hat wenige Seitenstücke in der Geschichte.

Unmittelbar nach diesem ersten großen Manifest der Curie begann andrerseits eine neue nationale Bewegung, welche in Rom mit gleich ungünstigen Blicken wie die italienische betrachtet wurde, ich meine die Bewegung unserer Nation zur deutschen Einheit unter Preußens Leitung. Daß Alles was klerikal heißt, von jeher dieser unserer Nationalsache feindlich gewesen, daran ist ein Zweifel gar nicht möglich. Die römische Curie hat vor 800 Jahren unsere Zersplitterung bewirkt; sie hat eben auf Deutschlands Spaltung ihre Weltmacht gegründet, um seitdem in Deutschland wie überall die Bildung großer Staatsgewalten zu hindern und die Auflösung der Nation in kleine Staaten zu fördern, nach der alten Regel: theile und herrsche. Hienach gefiel ihr die deutsche Bundesacte von 1815 wohl. Wäre aber eine Umgestaltung derselben einmal nicht zu vermeiden, so gehörten dann alle Sympathien Roms nicht Preußen, sondern Oesterreich, dem katholischen Kaiser, dem Schöpfer des Concordats von 1855, mit dessen Herrlichkeit sich doch alle preußischen Verdienste

uus die Kirche entfernt nicht meſſen konnten. Sehr
beſtimmt hatten auch in Wien Gedanken dieſer Art
bei der Bewilligung des Concordates mitgewirkt. Daſ=
ſelbe ſollte in ganz Deutſchland die klerikale Partei
um Oeſterreich ſchaaren, etwa wie einſt der Zollverein
die materiellen Intereſſen an Preußen gekettet hatte.
Die damalige officiöſe Preſſe in Wien gab dieſer Hoff=
nung laut und unbefangen Worte. „Im Concordate,
hieß es, ſpricht der Kaiſer, und ſo werden die Mark=
grafen [von Brandenburg] wohl= oder übelwollend
folgen müſſen.“ Oder: „Der Kaiſer hat die Bahn
vorgezeichnet, in welche früher oder ſpäter die Kleinen,
Mittleren und ein gewiſſer Großer werden einlenken
müſſen.“ In der That war fortan jeder klerikale
Einfluß in den deutſchen Staaten ein Bundesgenoſſe
und Agent der großdeutſchen Politik, der öſterreichi=
ſchen Spitze, und umgekehrt alle öſterreichiſch geſinnten
Regierungen nahmen mehr oder weniger klerikale Fär=
bung an. Die damaligen Miniſter in Stuttgart,
Karlsruhe, Darmſtadt waren entſchiedene Gegner Preu=
ßens, ſie Alle beeilten ſich, mit dem Papſte oder dem
Landesbiſchof Concordate nach dem Muſter des öſter=
reichiſchen zu ſchließen. Die klerikalen Kräfte wurden

zur Propaganda für Oesterreich gegen Preußen. Als der Krieg von 1866 begann, wurde in Wien ohne Rückhalt erklärt, man habe bündige Nachrichten aus den preußischen Diöcesen, daß kein katholischer Soldat seine Flinte gegen den katholischen Kaiser abdrücken würde. Als nach dem Friedensschluß jemand einem hohen Beamten des auswärtigen Ministeriums sein Erstaunen über eine Broschüre aussprach, in welcher Bischof Ketteler von Mainz seinen Uebertritt zu der neuen Ordnung der Dinge in Preußen und Deutsch= land verkündete, antwortete ihm der Ministerialrath: nun, Sie wissen ja, wir lieben es, immer in jeder Partei unsere Freunde zu haben. Wo man die kle= rikale Presse jener Jahre aufschlägt, die Civiltà cat- tolica in Rom, den Univers in Paris, die historisch= politischen Blätter in München: überall erklingt der= selbe Ton des tiefen Hasses, der rührigsten Feindseligkeit gegen Preußen. Dieses einzige Factum würde genügen, das ganze System zu kennzeichnen. Von einer Gefahr der religiösen Interessen ist in diesem Falle entfernt keine Rede, denn Preußens Verhalten gegen die Kirche ist ja damals anerkannt musterwürdig für alle Welt. Aber ein großes Machtinteresse steht bei dem Aufstreben

Preußens und Deutschlands in Frage, und so erfolgt eine rasselnde Schilderhebung in ganz Europa, bei einer Partei, die in strenger Disciplin dem leisesten Winke der Obern folgt, und demnach bei solcher Ein= stimmigkeit schlechterdings nur die Gesinnung ihrer Lenker verkündet.

Wie bekannt, endete der Krieg von 1866 mit einem völligen Triumphe der nationalen Bestrebungen über die klerikalen. Italien gewann die venetianischen Lande, Preußen schaarte Norddeutschland um sich, die deutsche Nation wurde von Oesterreichs Obervormund= schaft befreit.

Und noch mehr. Es war nicht genug, daß Preu= ßen den österreichischen Nebenbuhler trotz seines kleri= kalen Anhangs aus Deutschland hinausschlug: die Niederlage von Königgrätz bewirkte außerdem einen tiefen Umschwung in Oesterreich selbst, und es kam 1867 dort zu einer Verfassung, welche durch die Ge= währung von Glaubensfreiheit, Preßfreiheit und Lehr= freiheit vom Concordate völlig abwich und auf deren Grundlage dann Gesetze folgten, welche die Civilehe einführten, die Schule unter Staatsaufsicht stellten, und, schrecklich zu sagen, selbst Ketzern erlaubten, Schu=

len zu errichten und Lehrer zu werden. Papst Pius
besann sich nicht lange; obgleich er unter den damaligen Verhältnissen wenig Aussicht auf augenblicklichen
Erfolg hatte, erklärte er in feierlicher Allocution die
neue Verfassung für abscheulich, die neuen Gesetze auf
alle Zeiten für null und nichtig und befahl allen katholischen Oesterreichern, dieselben weder zu billigen
noch auszuführen. Die 1864 verkündeten Grundsätze
erhielten hier eine praktische Anwendung größten Styles.
Der Papst stellte sich als höhere Behörde über die
gesetzgebenden Gewalten, über Kaiser und Volksvertretung der österreichischen Monarchie, cassirte die
dortige Verfassung, bedrohte die Befolgung derselben
mit allen kirchlichen Strafen, und wies sämmtliche
Bischöfe des Reiches an, in diesem Sinne zu wirken.
Und man will uns noch einreden, die Ansprüche Roms
auf Herrschaft über alle Staaten seine harmlose Kanzleiphrasen! Und während der Papst die Preßfreiheit,
Lehrfreiheit und Glaubensfreiheit für verrucht erklärt,
nennen sich unsere Klerikalen die Kämpfer für Wahrheit, Freiheit und Recht! Während auf solche Art
der Papst in die österreichische Gesetzgebung einzugrei-
fen suchte, gingen in der klerikalen Presse von ganz

Europa die Angriffe auf Preußen unabläſſig fort; niemand war eifriger in Frankreich als die Genoſſen dieſer Partei, zum Kriege gegen den verhaßten Empor- kömmling zu rufen, und uns Allen iſt es noch in Er- innerung, wie dieſelbe Partei in Baiern bei dem her- einbrechenden Angriff der Franzoſen alle Kräfte auf- bot, um Süddeutſchland von der Unterſtützung des norddeutſchen Bundes gegen den Nationalfeind abzu- halten. In demſelben Augenblick verkündete das va- ticaniſche Concil die Unfehlbarkeit des Papſtes. Aber zum zweiten Male und in noch glorreicherem Maaße blieb in dem Kriege, welchen die klerikale Partei her- aufzubeſchwören geholfen, der Sieg den Vertheidigern der nationalen Intereſſen; Italien zog in Rom ein, Deutſchland brachte ſeine Einheit zum Abſchluß.

Wir ſehn, wenn jemals ein Staat aus Noth- wehr, aus der Pflicht der Selbſterhaltung, ſich gegen die klerikalen Anmaßungen erhoben hat, ſo iſt es der unſere. Zu einer Zeit, wo die preußiſche Regierung in keinem Punkte die Selbſtherrlichkeit der Biſchöfe be- ſchränkte, wo ſie bei einer zu zwei Dritteln evange- liſchen Bevölkerung für die katholiſchen Cultuskoſten einen zu einem Drittel höhern Zuſchuß als zu den

evangelischen leistete, wo sie selbst noch Alles that, um
ein Drittel ihrer Bürger in eine geistestödtende Abhängigkeit von dem Klerus zu stellen: unter solchen
Verhältnissen hat die klerikale Partei in ganz Europa
den Angriff gegen uns eröffnet, sicher nicht weil
Preußen die Religion bedrohte, sondern weil es die
Einheit Deutschlands erstrebte. Wo sich damals ein
Widersacher Preußens zeigte, war die klerikale Partei
eifrig an seiner Seite, ohne daß jemals die päpstliche
Curie ein Wort der Mißbilligung gegen diese feind-
seligen Umtriebe gehabt hätte. Unsere Centrums-
männer haben wohl gefragt, was denn die Ursache
gewesen, daß sie noch Anfang 1871 von dem Kaiser
mit aller Huld empfangen worden, daß dann 1872
der Staat den Kampf gegen sie eröffnet habe, was
in aller Welt denn unterdessen vorgefallen sei, um eine
solche Sinnesänderung herbeizuführen? Ist diese Ver-
wunderung in der That bei ihnen ernstlich gemeint?
ist es wirklich nur ein Fehler überklugen Scharfsinns,
das Allereinfachste und Offenkundigste nicht zu sehn?
Eine durch ganz Europa verzweigte, streng disciplinirte,
den päpstlichen Befehlen unbedingt unterwürfige Partei bietet sechs Jahre lang alle Mittel auf, um Preu-

ßens Erhebung und Deutschlands Einheit zu hindern.
Unmittelbar nach Deutschlands Sieg constituiren sich
dann die deutschen Genossen dieser Partei als parla=
mentarische Fraction, um hier, wie ihre Aufrufe offen
sagen, die Interessen des Papstes wahrzunehmen,
desselben Papstes, dessen Diener und Werkzeuge aller
Orten gegen die deutsche Sache mit leidenschaftlicher
Erbitterung unter den Waffen stehn. Wahrhaftig,
über Höflichkeit und Menschenverstand geht doch die
Zumuthung hinaus, gegen diesen Zusammenhang die
Augen verschließen, und in der Bildung der Centrums=
partei etwas Anderes finden zu sollen, als die Erklä=
rung, daß der alte klerikale Kriegsstand gegen Deutsch=
lands Einheit fortdauere. Es mochte politisch klug ge=
wesen sein, vor der Besiegung der französischen Armee
von der klerikalen Feindseligkeit möglichst wenig Notiz
zu nehmen; nach der Ueberwältigung Frankreichs aber
war es dringende Staatspflicht, den innern Feind un=
serer Nationalsache ungefährlich zu machen. Nie hat
es einen gerechteren Kampf der Abwehr gegeben.

Fassen wir hier am Schlusse die Ergebnisse un=
serer Betrachtung zusammen, so stellen sich folgende
Punkte als sichere Thatsache heraus.

Wo die klerikale Partei von Freiheit und Sicherheit der Kirche redet, hat sie stets einen Zustand der
Macht im Sinne, bei dem sie einerseits keiner Art
von Beschränkung in der kirchlichen Strafgewalt, in
der Erziehung des heranwachsenden Geschlechts und
in der Ansammlung von Besitz und Reichthum unter-
liegt, und andrerseits allen abweichenden Meinungen
auch die leiseste Möglichkeit einer störenden Einwirkung abschneidet, d. h. also, sie mit allen Mitteln verfolgt und ausrottet. Wo es ihr gelingt, die Staatsgewalt selbst zu ergreifen, in Italien, Spanien und
Portugal, und zeitweise in Frankreich und Oesterreich
sehn wir mit diesem Motiv der ungestörten Seelsorge
den härtesten Zwang beschönigt, Verbannung der Protestanten, Ausweisung der Gottlosen, Monopol des
Grundbesitzes und der politischen Rechte für die Gläubigen, Unterdrückung der Presse, der freien Wissenschaft, des weltlichen Unterrichts. In diesen Fällen
empfiehlt sich die Partei den dienstwilligen Staatsbehörden als die größte Meisterin der Völkerdressur.
Steht ihr dagegen eine Regierung selbstständig, gleich-
viel beinahe ob gleichgültig oder feindlich gegenüber,
so verwandelt sich die Partei in eine nicht minder

glänzende Virtuosin revolutionärer Demagogie, wie
wir das in Irland, Belgien, und zeitweise in Preu=
ßen beobachtet haben. Dort begehrt sie im Namen
der Freiheit für die ihrem Befehle lauschenden Volks=
massen die unveräußerlichen Menschenrechte, die ewi=
gen Grundrechte, Preßfreiheit und Vereinsrecht, Un=
abhängigkeit des einzelnen Menschen vom Staate,
Auflösung und Zersplitterung der Staatsgewalt.
Dann gebraucht sie alle Künste des Radicalismus und
Socialismus, bis der Sieg erfochten ist und der Staat
zerbrochen oder zerknirscht ihr zu Füßen liegt. So weit
gediehn, wird plötzlich die Advocatin der Menschenrechte
wieder zum festesten Horte der Autorität, und die
kurzsichtigen Freiheitsmänner, die ihr bis dahin im
Kampfe gegen das Königthum geholfen, mögen nach=
denken, was sie bei dem Tausche der Herrschaft
gewonnen haben.

Fragt man nach den Mitteln, womit die Partei
die ersten Schritte zu ihrem Ziele thut, so treten sie
uns gleich deutlich bei den römischen Verhandlungen
mit Baiern, Hannover, Oesterreich, wie in den Er=
örterungen der französischen Kammern und Hirten=
briefe und in den Zuständen Spaniens und Italiens

während der Restaurationszeit entgegen: eine mehr
als militärische Disciplin der Geistlichkeit mit unbedingter Allmacht des Vorgesetzten und unbedingter
Rechtlosigkeit des Untergebenen, Erziehung der Jugend
zu blinder Verehrung der kirchlichen Macht und all-
mählicher Ablösung von Staat und Vaterland, An-
häufung eines möglichst großen Kirchenvermögens zu
freier Verfügung der Bischöfe ohne jeden Rechtsschutz
für das Interesse der Gemeinden. Ausnahmslos und
einförmig kehren diese Haupt- und Cardinalpunkte
aller Orten wieder. Wo der Staat die Partei darin
gewähren läßt oder gar unterstützt, ist sie binnen eines
Menschenalters die Herrin des Bodens. Es ist damit
von selbst ausgesprochen, an welchen Stellen der
Widerstand einsetzen muß, wenn er Aussicht auf Erfolg gewinnen soll. Der Staat muß geordnete Selbstständigkeit und sichern Rechtsschutz dort herstellen, wo
das klerikale System eine allmächtige Willkür zur
Herrschaft gebracht hat. Er muß den Gemeinden die
Verfügung über das Kirchenvermögen unter staatlicher Aufsicht, und damit einen entscheidenden Einfluß
auf die Besetzung ihrer kirchlichen Aemter zurückgeben.
Er muß die rechtliche Stellung des Pfarrklerus von

despotischer Willkür der geistlichen Obern sichern. Er muß die Einflüsse des ultramontanen Systems auf die Schule vollständig beseitigen. Der Besitz der Schule, pflegte Generalvicar Windischmann in München zu sagen, ist im 19. Jahrhundert, was die Besetzung der Bisthümer im 11. war, die Entscheidung über die Weltherrschaft.

Man sieht hieraus, daß die wesentlichen Aufgaben in dem Kampfe gegen das klerikale System nur durch positives Wirken der Staatsgewalt zu lösen sind, und daß mithin ein lediglich negatives Verhalten, ein Auf= hören der Staatsunterstützung, die entscheidenden Punkte gar nicht trifft. Die oft gehörte Losung: Trennung der Kirche vom Staat, ist für das klerikale System ein leerer Schall. Es handelt sich, wie oben bemerkt, nicht allein um die wissenschaftliche Prüfung und Widerlegung eines dogmatischen Lehrgebäudes: es handelt sich um eine militärisch organisirte Cor= poration, die in Deutschland mehr als 30,000 auf strengen Gehorsam vereidigte Agenten, und unter mannichfaltigen Formen Geldmittel im Betrage von vielen Millionen besitzt. Es ist richtig, der Staat kann gegen sie nichts ausrichten ohne Hülfe der wissen=

schaftlichen Erörterung, umgekehrt aber ohne die Wirk=
samkeit des Staates würde die theoretische Kritik spur=
los im Winde verhallen. Eine Compagnie Infanterie
kann man bekämpfen, aber nicht widerlegen, so wenig
wie den Einfluß einer Million Thaler: die Compagnie
Jesu aber ist stärker als irgend ein Infanterie=Regiment
und verfügt über viel mehr als eine Million. Sie
ist sehr zufrieden, wenn sie die officielle Unterstützung
des Staates gewinnen kann, aber im Nothfall bedarf
sie derselben heute in Deutschland nicht mehr, um
Schüler zu gewinnen, die Priester in Zucht zu halten,
Vermögen zu sammeln; sie kann das Alles, wenn der
Staat nur nicht positiv auf diesen Gebieten eingreift.
Irland und Nordamerika liefern täglich die Belege
zu der Wahrheit, daß die Trennung der Kirche vom
Staat nichts ist als bequemeres Regiment für den
Augenblick, langsames Erstarken der klerikalen Macht,
und sichere Unterwerfung des Staats in der Zukunft.
Ein weiterer Punkt, der nicht minder einleuchtend
aus allen Vorkommnissen der letzten sechzig Jahre er=
hellt, ist die völlige Nutzlosigkeit und Nichtigkeit diplo=
matischer Verhandlungen und Vereinbarungen mit
dem klerikalen System. Der erste Grundsatz dessel=

ben ist, niemals eine Berechtigung des Staates ausdrücklich anzuerkennen, sondern höchstens schweigend
geschehn zu lassen, was man nicht hindern kann.
Jede, dem klerikalen Interesse ungünstige Einräumung
gilt durchaus als widerruflich in jedem Augenblick
nach dem Ermessen der Curie. Umgekehrt wird jede
Maaßregel der Staatsgesetzgebung, welche den klerikalen Wünschen entspricht, sofort als wohlerworbenes,
für den Staat unantastbares Recht betrachtet. Es
ist einleuchtend, daß mit solchen Gegnern Verträge
nicht zu schließen sind. Der Staat hat hier keine
andere Möglichkeit zu bleibender Ordnung zu ge-
langen, als mit reiflicher Erwägung aus eigner
Kraft das Erforderliche vorzukehren, allerdings jede
Berührung des innern religiösen Lebens zu meiden,
aber für die äußern Rechtsverhältnisse die Macht seiner Gesetzgebung unerschütterlich zur Geltung zu
bringen. Wem es unbequem erscheint, daß eine
Nation ihren Rechtszustand nach eigenem Ermessen
gestaltet und für ihre Gesetzgebung von jedem Be-
wohner des Landes Gehorsam fordert, dem kann man
lediglich anheimgeben, eine ihm so wenig wohlgefällige
Gegend zu verlassen.

Wenn der Staat den Kampf gegen das liberale System nach diesen Gesichtspunkten führt, so ist er sicher, der großen Sache der Freiheit und der Bildung zu dienen, und ihr Raum und Schutz gegen den erdrückendsten Despotismus der Welt zu verschaffen. Aber so gerecht und gut die Sache, so schwer ist auch, wie heute die Dinge einmal stehn, der Kampf. Man hört noch immer vertrauensselige Liberale sagen, in unserem aufgeklärten 19. Jahrhundert sei auf die Dauer die Pfaffenherrschaft unmöglich. Unser ereignißreiches Jahrhundert hat ganz gewiß viele schöne Seiten, aber in religiöser Beziehung zählt es, wie uns alle Thatsachen gezeigt haben, eben nicht zu den aufgeklärten, sondern zu den reactionären Zeitaltern. Die gelehrte Litteratur ist freilich mit jedem Jahrzehnt immer kritischer und verneinender geworden, in Deutschland aber hat in demselben Maaße die Zahl ihrer Anhänger abgenommen, und niemand kann es bestreiten, daß im deutschen Reichstag die Tübinger Schule viel weniger Freunde besitzt als Pater Beckx. Je demokratischer die Zeitströmung ist, desto schwerer fällt eine Partei in das Gewicht, welche über anderthalb Millionen

Wähler mit militärischem Commando verfügt. Wenn die Liberalen einstweilen in der Kopfzahl ihr noch überlegen sind, so ersetzt sie das reichlich durch die Wucht ihrer Disciplin. Ihre Wähler und ihre Ab= geordnete stimmen wie Ein Mann nach dem Befehls= wort der Führer, während auf liberaler Seite gerade die persönlichste Unabhängigkeit und Ueberzeugungstreue hochgeschätzt wird, Tugenden trefflicher Art, nur daß sie nicht immer unter der Leitung mäßigender Klugheit stehn, und nicht selten in Rechthaberei und Zersplitterung der Kräfte ausarten. Es kommt dazu, daß bei einem Kampfe zwischen Staat und Kirche die klerikale Par= tei, wie wir sahn, überall radikale Mienen annimmt, und nun ist eine gewisse Art von Freisinnigkeit, welche Opposition gegen die Regierung für gleichbedeutend mit Liberalismus hält, noch immer weit verbreitet, und wird stutzig bei jedem Vorschlage, gegenüber der klerikalen Opposition, die doch immer das Ver= dienst hat, Opposition zu sein, die Befugnisse der Re= gierung zu stärken. So bemerkten wir, wie 1818 und 1829 in Frankreich die Radikalen den ultra= montanen Bestrebungen in die Hände arbeiteten, und erst vor wenigen Jahren, 1870, haben wir in Brüssel

daſſelbe Schauſpiel vor Augen gehabt, wie der drei-
zehnjährige Beſtand des liberalen Syſtems durch die
innere Spaltung der Partei, durch die Zwietracht
zwiſchen Miniſterieſſen und Radikalen vernichtet, und
eine klerikale Regierung zur Beherrſchung des Staates geführt wurde. Es würde auch in Deutſchland
nicht anders gehn, wenn der liberalen Partei die
nöthige Einſicht und Selbſtbeherrſchung fehlen ſollte,
wenn ſie ſich in ihrem Innern ſpaltete oder mit der
Staatsregierung überwürfe: das ſichere Ergebniß
wäre, nicht eine parlamentariſche Entwicklung im radikalen Sinne, ſondern der Umſchwung zu Gunſten
eines conſervativ-klerikalen Regimentes, zu welchem,
wir wir wiſſen, die Tories der evangeliſchen Kirche
ebenſo freudig ihren Beitrag liefern würden wie die
katholiſch-klerikalen Kreiſe. Oft genug ſind die Fälle
vorgekommen, wo Radikale und Klerikale gemeinſam
einer Staatsregierung zu Leibe gegangen ſind: aber
noch niemals hat die Welt es erlebt, daß der Ge-
winn des Sieges nach einem ſolchen Kampfe in die
liberale Hand gefallen wäre. Die klerikale Partei
hat einzelne Eigenſchaften, Zähigkeit, Geſchmeidigkeit,
leiſen Tritt und ſcharfe Kralle mit dem Katzenge-

schlechte gemein: wo sie aber im Bunde mit den Ra=
dikalen dem Staate die Kastanien aus den Kohlen
zu holen sucht, da ist sie es niemals gewesen, welche
die Rolle der Katze übernommen hätte.

Für Deutschland sind, wie wir Alle wissen, diese
Dinge um so ernsterer Erwägung werth, als unser
Reich nicht allein die klerikale Partei zur innern
Feindin hat, sondern gleichzeitig durch den Racheburst
des täglich erstarkenden Frankreich von Außen bedroht
wird. Wie sehr auch Tausende unserer klerikalen
Mitbürger den Landesverrath und die Verschwörung
mit dem fremden Feinde verabscheuen mögen, das
Bündniß liegt, wenn nicht in der Gesinnung, so doch
in den Verhältnissen. Aus sehr verschiedenen Grün=
den verfolgen Klerikale und Franzosen dasselbe Ziel,
die Auflösung des jungen Reiches deutscher Nation.
Um so einfacher ist die Frage, um so deutlicher die
Verantwortung für jeden deutschen Patrioten. Wer
in einer wichtigen Angelegenheit die Wünsche der
Klerikalen fördert, eröffnet auch dem fremden Reichs=
feind die Grenzen.

Vor Kurzem las ich in einer ultramontanen Zeit=
schrift die warme Empfehlung eines charakteristischen

Schlachtrufs an alle Parteigenossen: unsere Leiber in Deutschland, unsere Seelen für den Himmel, unsere Herzen für Rom. Wir, hoffe ich, wir werden fest-halten an den Worten unseres großen Dichters:

An's Vaterland, an's theure, schließ' dich an,

Das halte fest mit deinem ganzen Herzen.

Bonn, Druck von Carl Georgi.